ESSAI

SUR LA

PROCÉDURE

EN MATIÈRE CONTENTIEUSE

DEVANT LES

CONSEILS DE PRÉFECTURE

PAR

J. LEFEBVRE,

LICENCIÉ EN DROIT

SECRÉTAIRE GÉNÉRAL DES BOUCHES-DU-RHONE

Ancien Conseiller de Préfecture du Nord

2e ÉDITION

PRIX : 4 FRANCS.

MARSEILLE

SENÉS, IMPRIMEUR-LIBRAIRE ET ÉDITEUR

Rue Canebière, 15

1858

ESSAI

SUR

LA PROCÉDURE

EN MATIÈRE CONTENTIEUSE

DEVANT

LES CONSEILS DE PRÉFECTURE

ESSAI

SUR LA

PROCÉDURE

EN MATIÈRE CONTENTIEUSE

DEVANT LES

CONSEILS DE PRÉFECTURE

PAR

J. LEFEBVRE,

LICENCIÉ EN DROIT

SECRÉTAIRE GÉNÉRAL DES BOUCHES-DU-RHONE

Ancien Conseiller de Préfecture du Nord.

2ᵉ ÉDITION

MARSEILLE

SENÉS, IMPRIMEUR-LIBRAIRE ET ÉDITEUR

Rue Canneblère, 15

1858

La Juridiction, le pouvoir de dire le droit, *jus dicere*, peut être exercée par l'autorité administrative, soit à l'occasion de la demande formée par un particulier qui se borne à solliciter, de l'agent du Gouvernement compétent pour l'accorder, l'autorisation de faire un acte conforme aux lois et c'est alors une juridiction *volontaire* et *gracieuse* que celle qui est exercée, car il n'y a point de débat, point de contestation, mais un simple acte d'autorité intervenant, sans opposition, sur la demande d'une partie ; soit, encore, lorsqu'un tiers lésé sollicite la réparation d'un dommage qu'il croit avoir éprouvé et qu'il attribue à l'exercice de cette *juridiction gracieuse.*

Deux intérêts contraires peuvent, alors, se trouver en présence : un intérêt général qui a motivé l'acte de juridiction volontaire et un intérêt privé blessé par cet acte, ou deux intérêts privés opposés l'un à l'autre.

Dans le premier cas l'administration est directement en cause puisqu'elle représent l'intérêt général. Elle ne l'est qu'indirectement si deux intérêts privés sont en présence, puisque c'est seulement à l'occasion d'un de ses actes que le litige est né; mais, quel que soit son rôle, il y a toujours débat, contestation, le juge qui doit s'interposer trouve des contradicteurs, car l'une des parties, au moins, n'est pas venue volontairement demander la déclaration du droit et, dès lors, pas de *juridiction volontaire ou gracieuse* mais une *juridiction contentieuse.*

Ces développements étaient nécessaires pour

faire comprendre ce que l'on doit entendre par *juridiction contentieuse administrative*, pour indiquer où elle commence et comment on la peut reconnaître.

Cette juridiction, pour celles des affaires administratives dont le caractère distinctif est de mettre l'intérêt général soit directement, soit indirectement en cause, et auxquelles on donne, pour cette raison, le nom d'affaires contentieuses, peut être exercée au premier degré, suivant les cas prévus par la loi, soit par certains agents actifs du Gouvernement, pris comme individualités, tels que les Ministres, (1) les Préfets, (2)

---

(1) En matière de concession de mines (Loi du 27 avril 1838).

En matière de liquidation de la dette publique (Arrêté du Directoire du 2 germinal an V).

(2) En matière de difficultés sur les prix des courses de chevaux (Décret du 4 juillet 1806, art. 28).

En matière d'exploitation du minerai de fer d'alluvion (Loi du 21 avril 1810 art. 59).

En matière d'établissements insalubres (Décret du 25 mars 1852, sur la décentralisation administrative).

En matière de déchéance pour le recouvrement du prix des biens vendus au nom de l'Etat (Ordonnance du 11 juin 1817).

En matière de contestation relatives au paiement des fourni·

les Sous-Préfets, (1) les Maires ; (2) soit encore par certaines collections d'individus constituant des commissions extraordinaires comme les commissions formées pour le desséchement des marais, (3) ou comme les Conseils de révision en matière de recrutement, (4) mais, en général, elle n'appartient qu'aux Conseils de Préfecture.

En général, disons nous, car le Conseil de Préfecture, est un tribunal d'exception qui n'a été érigé en juge du contentieux administratif par

---

tures faites pour le compte du Gouvernement. (Arrêté du Gouvernement du 19 thermidor an ix).

En matière de moulins situés sur les frontières. (Loi du 30 avril 1806, art. 76).

En matière de travaux d'exploitation de mines. (Loi du 27 avril 1838).

(1) En matière d'établisssments insalubres. (Décret du 15 octobre 1810 et ordonnance du 14 janvier 1815).

(2) En matière de contestation sur les logements militaires. (Loi du 23 mai 1792 et règlement annexé à ladite loi, art. 52.)

En matière de contestation sur les prix de courses de chevaux. (Décret du 4 juillet 1806, art. 28).

En matière de difficultés sur le prix des boissons vendues par les débitants. (Loi du 28 avril 1816, art. 47).

(3) Loi du 16 septembre 1807.

(4) Loi du 21 mars 1832.

aucune disposition qui lui attribuât généralement
tout ce contentieux. Les cas ou il peut en connaître, bien que nombreux, sont fixés, définis,
limités, par des lois ou par des ordonnances
réglementaires spéciales à chaque matière, mais,
comme ces cas embrassent la presque totalité des
matières contentieuses, on est, jusqu'à un certain
point, fondé à dire que ces tribu...x administratifs sont, au premier degré, les juges auxquels
a été dévolu le contentieux administratif.

Cette absence de disposition générale attribuant
toute la compétence, en matière contentieuse, à
ces tribunaux d'exception (1) est cause que les
formes de procéder devant eux n'ont jamais été
déterminées. Abandonnés à eux-mêmes dans l'instruction de la plupart (2) des affaires qui leur sont
soumises, ils n'ont rien pour se guider dans les

---

(1) Conseil d'État, 17 mai 1851.
     Id.,   , 6 avril 1854.

(2) Il est cependant des matières pour lesquelles la loi a pris
soin d'indiquer des formes particulières d'instruction. (Arrêté du
21 floréal an viii et loi du 21 avril 1832 sur les Contributions
directes et loi du 30 mai 1851 sur la police du roulage).

voies imparfaites de la législation administrative, oubli regrettable qui fait ressortir combien il existe de lacunes dans cette législation, véritable chaos de lois, d'arrêtés, d'ordonnances, de décrets, et qui, depuis longtemps, attend de la sollicitude du législateur une réforme complète.

Ce n'est donc pas dans des textes précis qu'il faut chercher les formes de procéder en matière contentieuse, devant le Conseil de Préfecture. Ce n'est pas la législation qui nous dira comment l'instance s'engage, comment et dans quel délai la partie défenderesse doit comparaître et se défendre, comment a lieu la communication des pièces, quelle est la forme et quel doit être le contenu de la décision, quelle en est la force, dans quel cas et comment cette décision peut être attaquée. C'est dans l'usage, c'est dans l'imitation raisonnée de ce qui se pratique devant le Conseil d'État ou devant les tribunaux civils, dans les affaires analogues, c'est surtout, enfin, dans les précédents fournis par la jurisprudence que nous trouverons un guide pour nous conduire dans le dédale des lois administratives, pour compléter la législation et suppléer à son silence.

Pour rendre cette tâche moins difficile nous nous rappellerons les motifs présentés par l'orateur du Gouvernement au Corps législatif, à l'appui du projet de loi du 28 pluviose an VIII, et, nous pénétrant de l'esprit qui les a dictés, nous considèrerons les Conseils de Préfecture comme de véritables tribunaux institués pour garantir aux personnes intéressées qu'elles ne seront pas *jugées* sur des rapports ou avis de bureaux, mais qu'elles auront des *juges* accoutumés au ministère de la *justice*, à ses *règles*, à ses *formes*, et nous obligerons, dès lors, ces tribunaux d'exception à suivre les formes substantielles de la procédure civile ordinaire en tant que pourront le comporter, toutefois, l'urgence, la simplicité, l'économie qu'exige l'instruction administrative.

LIVRE PREMIER.

PROCÉDURE SIMPLE

CHAPITRE PREMIER.

Introduction des instances.

§ Ier.

Comment le Conseil de Préfecture est saisi.

Le Conseil de Préfecture peut être saisi d'une réclamation : directement, par la partie intéressée et sans qu'il soit besoin d'un exploit d'assignation formulé d'après les règles de la procédure civile ; indirectement, par l'intermédiaire du Préfet.

Directement, quand la demande, quelle qu'en soit la forme, lettre, pétition, requête, est adressée aux membres composant le Conseil de Préfecture, et c'est alors, en séance du Conseil, par celui des membres qui préside en l'absence du Préfet, que connaissance de la demande est donnée et que le Conseil prononce sur la suite à donner à l'instruction.

Indirectement, quand, et cela arrive le plus souvent, la requête, bien que du ressort du Conseil de Préfecture, est adressée au Préfet seul, et que celui-ci, après avoir rassemblé les premiers éléments de l'instruction, en saisit le Conseil par un arrêté de renvoi. (1)

Cette seconde manière par laquelle le tribunal administratif peut être saisi, bien qu'elle soit . adoptée dans un grand nombre de départements, ne nous en paraît pas plus rationnelle. En effet, le Préfet, bien que président du Conseil de Préfecture, en vertu de la loi, n'assiste presque jamais aux séances, et il est obligé de renoncer à l'exercice de ce droit, autant par la multiplicité de ses

---

(1) Conseil d'État, 21 novembre 1839.

propres occupations que par la position délicate
dans laquelle il pourrait se trouver aussi bien que
les membres du tribunal eux-mêmes, par suite
de leur position dans la hiérarchie administrative,
s'il était appelé à défendre ses propres actes devant
eux, ainsi qu'il peut arriver lorsque opposition
est faite à certains arrêtés préfectoraux, comme
en matière d'établissements insalubres ou de dé-
compte de travaux publics dans lequel l'administration est partie. Ces causes réunies font donc
que, bien rarement, le Préfet exerce le droit de
présidence : il reste en dehors du Conseil dans la
plupart des affaires, et, cependant, il en prépare
l'instruction première et n'en saisit le tribunal
administratif que lorsqu'il la croit suffisante pour
motiver une décision.

Ce mode de procéder est loin d'amener une
solution plus prompte ; la pratique le démontre
sans peine. Bien souvent la première discussion
en Conseil prouve la nécessité, soit de donner à
l'instruction une autre direction, soit de s'appesan-
tir sur un point dont la discussion a révélé

l'importance et sur lequel l'instruction commencée par les bureaux n'a point suffisamment porté,
soit même encore, de procéder à une instruction
toute nouvelle. On comprend sans peine le retard
que doit éprouver la solution d'une affaire soumise
à une pareille nécessité, nécessité qu'on eût certainement évitée si, dès le premier moment, et, avant
toute acte d'instruction, la requête avait été
renvoyée au Conseil de Préfecture afin que ce
tribunal lui imprimât lui-même, puisque c'est lui
qui, en définitive, a la responsabilité de la décision, le genre d'instruction qu'il eût jugé le plus
convenable pour amener le résultat cherché : la
justice rendue.

Ce n'est pas, du reste, le seul inconvénient
que présente cette manière de procéder : elle peut
encore amener de regrettables résultats au point
de vue de l'équité. Nous n'en citerons qu'un
exemple.

Supposons qu'un entrepreneur de travaux
publics réclame les intérêts de sommes qui lui sont
dues, et qu'en toute justice sa demande soit fondée.

La loi ne faisant, en cette matière, courir les intérêts que du jour de la demande régulière qui en est faite, conformément aux dispositions de l'article 1153 du Code Napoléon, ce n'est qu'à partir du jour où ils sont demandés devant lui que le Conseil de Préfecture doit les accorder (1). Or, il peut arriver que l'entrepreneur adresse directement sa demande au Préfet du département, et, dans ce cas, ces intérêts que nous supposons dûs, doivent-ils courir à partir du jour de cette demande ? Nous ne le pensons pas. Cette opinion paraîtra peut-être un peu sévère : en l'état de l'organisation des Conseils de Préfecture, en l'absence d'un Secrétariat institué régulièrement et légalement, on peut dire qu'une demande de la compétence du Conseil doit être considérée comme adressée au président du tribunal administratif, quand elle est adressée au Préfet, et qu'alors elle doit suffire pour saisir le Conseil lui-même. On pourrait ajouter que l'équité voudrait qu'on se montrât

---

(1) Conseil d'État, 14 juin 1852.

plutôt trop large, en accordant les intérêts que trop rigoureux en les refusant, mais on oublie alors que le Préfet, bien que président du Conseil de Préfecture, comme nous le verrons plus loin, n'a pas qualité pour juger, en référé, du contentieux administratif ; la demande qui lui est faite s'adresse donc à une juridiction incompétente, elle est irrégulière et la date n'en peut valoir comme point de départ des intérêts réclamés.

Cette irrégularité disparaît quand le Préfet transmet la réclamation au Conseil de Préfecture par un arrêté de renvoi ; ce tribunal en est, dès ce moment, régulièrement saisi, et les dispositions de l'article 1153 peuvent être appliquées. Mais avant que cette demande arrive ainsi au juge compétent, bien du temps s'est souvent écoulé, les bureaux de la Préfecture ont procédé à une instruction parfois inutile et presque toujours incomplète comme nous l'avons dis plus haut, un temps précieux a été perdu, et, chose plus regrettable encore, si la demande est jugée équitable, les jours qui séparent la date de la demande adressée au Préfet, de celle de l'arrêté de renvoi qui saisit le Conseil de Préfecture, ne peuvent être comptés dans le calcul des intérêts accordés.

Mais, dira-t-on, pourquoi le demandeur, au lieu de s'adresser au Préfet, en cette qualité, ne saisit-il pas directement le Conseil de Préfecture de sa requête, afin que le jour même du dépôt à la Préfecture de cette demande d'intérêts fixe le point de départ de ceux-ci ? S'il agit autrement, s'il s'adresse à une juridiction incompétente, de telle sorte que sa demande ne soit pas régulière, n'est-ce pas à sa propre faute qu'il doit imputer le préjudice causé ?

Cela est vrai ; mais si jusqu'à un certain point le demandeur ne doit s'en prendre qu'à lui-même, il serait juste aussi que, de son côté, l'administration se déclarât immédiatement incompétente, ou qu'elle renvoyât, sans retard, au Conseil de Préfecture la requête à elle adressée sans faire procéder à une instruction sur laquelle elle n'aura pas à statuer et qui, nécessairement, devra retarder comme nous l'avons déjà dit, le point de départ d'une dette exigible.

Quoi qu'il en soit, les inconvénients dûs à ce regrettable mode de procéder disparaîtraient complètement si les requêtes de la compétence du Conseil de Préfecture, quelles qu'en fussent les formes, lui étaient immédiatement déférées. Toutes les considérations d'équité seraient ainsi sauvegardées et l'autorité du Préfet serait loin d'en recevoir aucune atteinte, la correspondance nécessaire et les rapports avec les différents chefs de service ne se faisant jamais que par l'intermédiaire de ce fonctionnaire, puisque seul il a qualité pour exiger d'eux les renseignements réclamés par le Conseil.

---

§ II.

Formes de la requête.

La demande, quelle qu'en soit la forme, lettre, mémoire, pétition, requête, excepté cependant celle en décharge ou réduction de contributions foncière, personnelle et mobilière, des portes et fenêtres et des patentes, *ayant pour objet une côte moindre de trente francs*, doit, aux termes de la loi du 13 brumaire an VII, être présentée sur papier timbré.

Les dispositions de l'article 12 de cette loi assujettissent, en effet, à la formalité du timbre les pétitions et mémoires même en forme de lettre adressés à toutes autorités et aux *administrations ou établissements publics*. Or, les Conseils de Préfecture n'ont fait que remplacer ces administrations de département qui étaient à la fois juges et administrateurs. et s'il a été mis fin à cette confusion de pouvoirs, par la loi du 28 pluviôse an VIII, les dipositions des lois antérieures qui, tout en ayant trait à cette organisation, ne se rapportaient point cependant à cette confusion de pouvoirs, n'en doivent pas moins conserver leur effet. C'est donc avec raison que la formalité du timbre doit être exigée pour les requêtes adressées au Conseil de Préfecture et l'omission de cette formalité qui, cependant, n'est imposée que dans un but fiscal doit suffire pour faire déclarer non recevable une requête qui n'en serait pas revêtue. Nous trouvons la raison de l'affirmative dans l'art. 24 de la loi de l'an VII qui défend aux juges de prononcer un jugement, aux *administrations publiques* de rendre un arrêté sur un acte non timbré.

Les Conseils de Préfecture ne doivent donc pas admettre de requêtes non revêtues du timbre ; ils doivent les déclarer, en l'état, non recevables (1) et ne pas statuer au fond même, lorsqu'elles constituent un recours devant le tribunal administratif comme par exemple dans le cas de l'article 20, de la loi du 5 mai 1855, qui permet au membre d'un Conseil municipal, déclaré démissionnaire par arrêt Préfectoral, pour avoir manqué à trois convocations successives, d'en appeler au conseil de Préfecture de la décision du Préfet. Si cependant il avait été statué sur une requête non timbrée, nous ne regarderions pas l'omision de cette formalité comme une cause de la nullité de la décision,

---

(1) Arrêté du 15 fructidor an VIII.

mais le pétitionnaire qui aurait, ainsi, formulé sa requête. pourrait être poursuivi pour le recouvrement de l'amende et du droit de timbre.

Il ne suffit pas, du reste, que cette formalité, qui n'affecte que l'extérieur de la requête, ait été remplie pour que celle-ci soit recevable ; il faut encore que celui qui la présente en ait le *droit* et la *capacité* ; que ce droit soit né et actuel au moment où l'action est intentée, c'est-à-dire qu'il ne soit ni éteint, ni éventuel et que cette capacité soit bien établie d'après les règles du droit (1). Le mineur, l'interdit, le mort civil, la femme mariée (2), ne pourront donc, devant les Conseils de Préfecture comme devant les tribunaux civils ordinaires, ouvrir une action sans que les formalités imposées par les dispositions du Code Napoléon qui les concernent, aient été suivies. Le Maire d'une commune ne pourra, non plus, saisir le Conseil de Préfecture d'une action contentieuse

---

(1) Conseil d'État, 6 mars 1856.

(2) Conseil d'État, 1er. mars 1826.

sans y avoir été spécialement autorisé par le Conseil municipal, à peine d'être déclaré non recevable (1).

Ici se place naturellement la question de savoir si un étranger peut être partie dans une instance engagée devant un Conseil de Préfecture. La réponse ne peut être douteuse un seul instant. Pas plus devant les tribunaux administratifs que devant les tribunaux civils ordinaires, la qualité d'étranger n'est une cause d'exclusion, mais l'exercice de ce droit n'est accordé à l'étranger demandeur qu'à la condition de se conformer aux dispositions de l'article 16 du Code Napoléon et des articles 166 et 167 du Code de procédure civile, c'est-à-dire de fournir, si le défendeur le requiert, la caution *judicatum solvi*, ainsi que nous le verrons au chapitre des Exceptions.

----

(1) Conseil d'État, 2 janvier 1838.

Id   18 janvier 1855.

§ III.

Contenu de la requête.

La demande formée devant un Conseil de Préfecture ne doit pas seulement être écrite sur papier timbré et présentée par une personne capable, à peine d'être non recevable, elle doit encore, bien que la procédure administrative soit infiniment moins minutieuse que celle suivie devant les tribunaux ordinaires, être assujettie, en ce qui concerne le texte, le contenu, à certaines obligations intrinsèques qu'on ne trouvera formulées dans aucune disposition légale, mais qui sont exigées par la raison et par la nature même de l'acte,

C'est ainsi que cette requête doit contenir la date des jour, mois et an, les noms, la profession, la demeure des parties, l'objet de la demande et l'exposé sommaire des moyens.

La date est, en effet, absolument essentielle à plus d'un titre. D'abord, parce que la requête

peut avoir pour résultat d'interrompre la prescription, et que pour savoir si la prescription a été
véritablement interrompue, il faut connaître la
date précise de l'acte dont l'effet serait de l'interrompre. Aussi dans le cas où la requête tend à ce
but, un récépissé du dépôt doit être demandé au
secrétariat de la Préfecture, à moins qu'on ait recours, ce qui doit être préféré, au ministère
d'un huissier, pour signifier la demande.

De plus, la date de la requête peut fixer le
point de départ d'où commenceront à courir des
intérêts ; nouvelle raison qui nécessite la mention
de la date, afin que le tribunal administratif puisse,
s'il y a lieu d'en accorder, fixer le moment à
partir duquel ces intérêts seront dûs.

Les noms et prénoms, la profession, le domicile
des parties sont aussi nécessaires pour désigner
la personne qui intente l'action, et permettre
d'apprécier si elle remplit les conditions essentiel-
les de capacité dont il a déjà été question plus
haut (page 23), que pour indiquer nettement la
personne qui est citée.

Toutes les parties doivent être *individuellement* dénommées, et il serait imprudent d'en désigner quelques-unes par l'expression *et consorts*. Car il pourrait arriver que celles dont les noms auraient été omis seraient recevables à former, postérieurement à l'arrêté, tierce-opposition, ce qui amènerait des lenteurs qu'il est de l'essence de la procédure administrative de chercher à prévenir.

La mention de la patente du demandeur qui devait, toutes les fois que la demande avait rapport à l'exercice d'une profession assujettie à cette formalité, être ajoutée à l'indication de la profession, et être contenue dans la requête, non pas à peine de non-recevabilité, mais à peine d'une amende fixée d'abord à 500 francs par l'article 37 de la loi du 1er brumaire an VII, et réduite à 50 francs par la loi du 16 juin 1824, article 10, n'est plus nécessaire aujourd'hui, que la loi du 18 mai 1850, article 22 a fait disparaître cette obligation.

Les *conclusions*, c'est-à-dire l'objet de la demande,

doivent être nettement formulées, autant pour que le défendeur soit suffisamment averti du but qu'on se propose par la demande et des *moyens* qui sont contenus dans celle-ci, que pour que le tribunal administratif lui-même puisse statuer sans commettre d'excès de pouvoir, car les Conseils de Préfecture ne peuvent pas plus que les tribunaux ordinaires juger *ultrà aut citrà petita*, c'est-à-dire décider sur un point qui ne leur aurait point été soumis par la requête, ou omettre de statuer sur un chef des conclusions. Une pareille décision serait nulle (1) aussi bien que celle qui déciderait non-seulement pour le litige spécial soumis au Conseil, mais aussi et pour l'avenir par voie de disposition générale et réglementaire (2).

----

(1) Conseil d'État, 15 août 1834.
  idem,   2 janvier 1838.
  idem,   14 mai 1856.
(2) Conseil d'État, 6 avril 1850.

CHAPITRE DEUXIÈME.

Instruction des instances.

§ I.

L'instruction n'est point publique. Elle est écrite ou orale.

L'instruction des affaires devant le Conseil de Préfecture se fait sans publicité, en général sur mémoire et ce tribunal décide sur le rapport de celui de ses membres à qui l'examen du dossier a été confié.

Cette manière de procéder, qui est l'exception devant les tribunaux ordinaires, devient la règle devant le tribunal administratif du premier degré, non pas cependant que devant lui le ministère d'avocats ou la comparution personnelle des parties soit totalement interdite, car le Conseil de Préfecture peut admettre des consultations ou des mémoires signés par les membres du barreau et même des développements oraux présentés par les parties elles-mêmes ou par leurs avocats, mais cette sorte d'instruction doit être formellement autorisée par le Conseil lui-même ; elle n'existe pas de droit et ne peut lui être imposée. Le tribunal reste juge souverain de l'utilité d'y recourir.

Cette faculté que nous reconnaisons ainsi au Conseil de Préfecture d'admettre devant lui les parties ou leurs avocats lorsqu'il le croit nécessaire, ne lui a pas toujours appartenu. Consulté sur la question de savoir si les parties pouvaient être admises à comparaître en personne devant le tribunal de premier degré, le Conseil d'État, se fondant sur ce que les décisions des Conseils de Préfecture ne pouvaient être considérées comme contradictoirement rendues en matière contentieuse que lorsqu'elles visaient les mémoires et les défenses régulièrement communiqués, en avait conclu que l'instruction par écrit devait seule être autorisée devant le Conseil de Préfecture et que, dès lors, par analogie avec ce qui se passait au Conseil d'Etat dans les affaires contentieuses où l'instruction se faisait aussi par écrit, aux termes du règlement du 22 juillet 1806, les Conseils de Préfecture qui exercent, dans les mêmes matières, le premier degré de juridiction, devaient suivre ce même mode de procéder, c'est-à-dire ne pouvaient admettre les parties à comparaître en personne ou à faire plaider leur cause par un avocat.

L'avis du Conseil d'Etat du 5 février 1826, en ce qui concerne ce pouvoir du Conseil de Préfecture relativement aux formes d'instruction, pouvait être fondé à cette époque. Il ne le serait plus aujourd'hui que la manière de procéder a changé devant le tribunal administratif supérieur, où les parties peuvent maintenant faire entendre leurs avocats. Il doit, par conséquent, en être ainsi devant les Conseils de Préfecture, par cette même raison qui faisait que cela pouvait ne pas être en 1826.

L'instruction orale peut donc, aussi bien que l'instruction écrite, être admise devant le Conseil de Préfecture, si le tribunal le juge convenable, car aucun texte ne l'y oblige, mais cette dernière, cependant, formera toujours la base de la procédure.

Bien qu'elle ne soit réglée par aucune disposition de loi particulière et que les formes en soient complètement laissées à la discrétion du Conseil, la pratique de l'instruction a, devant le tribunal administratif, beaucoup d'analogie avec celle qui est en usage devant les tribunaux civils, quand ils ordonnent une instruction par écrit. Ainsi, la requête est communiquée au défendeur avec indication d'un délai pendant lequel il pourra présenter ses moyens. La réponse du défendeur peut elle-même être communiquée au demandeur avec un nouveau délai, pour produire des observations ou des conclusions nouvelles qui peuvent encore être elles-mêmes communiquées au défendeur, et, ainsi de suite, jusqu'à ce que le Conseil se croie suffisamment éclairé. La décision est alors prise sur le rapport qui est fait de l'affaire par le membre du Conseil auquel le dossier a été remis.

§ II.

Communications de pièces. Délais.

Mais comment et, dans quel délai, doivent se faire les communications de pièces dont il vient d'être question ?

En général, les communications de pièces devant le Conseil de Préfecture se font par voie administrative. Le ministère d'huissier n'étant rendu obligatoire par aucune loi pour mettre les parties en demeure de fournir leurs défenses, et l'essence de la procédure devant ce tribunal d'exception étant l'économie et la rapidité, c'est dans la forme administrative, qui n'entraine à aucuns frais, c'est-à-dire par l'intermédiaire des bureaux de la préfecture et de certains agents, que sont faits, d'ordinaire, ces actes d'instruction.

La pratique charge donc de ce soin certains fonctionnaires administratifs, tels que les maires, les adjoints, les commissaires de police, les gardes-champêtres qui, généralement, tiennent de la loi

le droit et le pouvoir de veiller à la stricte exécution de tout acte de l'autorité administrative, et
qui ont, dès lors, une capacité suffisante pour faire
les notifications et significations ordonnées par le
Conseil (1).

Mais de quelle manière constater que ces communications ont été faites, car il ne suffit pas
qu'elles aient eu lieu, il faut encore, pour la régularité de la procédure, que la preuve en soit rap-
portée ? Cette preuve se trouve naturellement dans
le récépissé que les agents chargés des notifications administratives retirent de la partie ou dans
le procès-verbal qu'ils dressent de cette notification.

Ces formes de communication s'appliquent spécialement au cas où l'administration est une des
parties en cause, car, si l'instance était engagée entre deux particuliers, le Conseil n'aurait pas à ordonner la communication par voie administrative :
ce serait à chacune des parties à notifier, à son

---

adversaire, par une signification régulière et valable, à peine d'annulation de l'arrêté à intervenir, sa requête, ses moyens ou ses défenses. (1)

Quant aux délais dans lesquels les requêtes en défense ou les pièces doivent être fournies, la loi ne les a pas déterminés. C'est le Conseil de Préfecture lui-même qui, dans l'arrêté qui ordonne la communication, fixe le délai après lequel il sera passé outre. Il en apprécie la durée suivant les circonstances telles, par exemple, que le degré d'importance de la question à résoudre, l'éloignement d'une partie, etc., mais, en l'absence de règles tracées par les lois ou par la jurisprudence, il doit bien se pénétrer de ce principe, que les matières administratives ont un caractère d'urgence qui exige la prompte expédition des affaires soumises à sa décision.

------

(1) Conseil d'État, 11 juillet 1845.

§ III.

Composition du Conseil.

Nous avons, jusqu'ici, fait connaître les obligations imposées aux parties qui se présentent devant les tribunaux administratifs de premier degré et dont l'inobservation peut causer préjudice à ces mêmes parties ; nous avons également indiqué les formes principales auxquelles le Conseil de Préfecture peut recourir pour compléter l'instruction que nous avons supposée simple et ordinaire, dégagée de tous les accidents dont nous nous occuperons dans la seconde partie de ce travail. Voici cette instruction qui s'est composée d'écritures préalables, de communications de pièces et enfin d'un rapport fait par un membre du Conseil à qui l'examen de l'affaire avait été confié, voici, disons-nous, cette instruction terminée. Le Conseil doit prononcer: il va rendre un *arrêté* (1), car c'est ainsi qu'on désigne la décision

---

(1) Décret du 15 mars 1791.

prise en matière contentieuse par le Conseil de Préfecture, mais il faut, pour la validité de cette décision, que certaines conditions relatives à la composition du Conseil soient remplies.

La première c'est que l'arrêté soit rendu avec le concours du nombre de membres exigé par la loi.

Ce nombre, pour le tribunal administratif comme pour les tribunaux civils d'arrondissement, ne peut être au-dessous de *trois*. C'est l'Arrêté Consulaire du 19 fructidor an IX, qui a pris soin de le déterminer par son article premier qui porte que les Conseils de Préfecture ne peuvent prendre de délibération valable si les membres ne sont, au moins, au nombre de trois, le Préfet comptant, s'il assiste à la séance, pour compléter ce nombre nécessaire à la validité de la délibération. (1)

Tout arrêté exige donc, pour être valable, sinon le suffrage unanime, du moins le concours et la participation de trois membres.

---

(1) Conseil d'État, 24 mars 1849.
    Id.   31 janvier 1855.

§ IV.

Remplacement des Membres du Conseil.

Si le nombre légal ainsi fixé à trois vient à manquer et si un Conseil de Préfecture se trouve empêché de siéger par suite de l'absence, de la maladie ou de l'empêchement d'un ou de plusieurs de ses membres, c'est encore l'Arrêté du 19 fructidor an IX qui détermine les règles à suivre. Il décide qu'en cas d'insuffisance du nombre des membres du Conseil, les membres restant désigneront, à la pluralité des voix, celui ou ceux des membres du Conseil général du département qui seront nécessaires, sans toutefois que le choix puisse tomber sur les membres des tribunaux qui feraient partie du Conseil général. (1)

En cas de partage sur le choix du suppléant, la voix du Préfet, s'il est présent, ou celle du *plus ancien d'âge* des Conseillers, si le Préfet est absent, aura la prépondérance pourvu toutefois, en ce qui concerne cette dernière hypothèse, que

______

(1) Conseil d'État, 22 novembre 1851.

le membre du Conseil de Préfecture qui remplace le Préfet absent du chef-lieu ou du département n'assiste pas à la séance, car s'il y assistait, il présiderait de droit le Conseil, et aurait, comme le Préfet lui-même, voix prépondérante, en cas de partage. En effet, la présidence de droit conféré eau Préfet par la loi du 28 pluviose an VIII, art. 5, n'est pas un simple honneur que la loi a voulu lui déférer, mais un *véritable pouvoir*, puis-que l'exercice de ce pouvoir, lui donne *droit* d'entrée au Conseil quand il le juge convenable et voix prépondérante dans certains cas. Ce *pouvoir* est donc nécessairement délégué à celui qui remplace le Préfet absent, en même temps que tous les autres pouvoirs. Les termes des articles de la loi du 28 pluviose an VIII et de l'arrêté consulaire du 19 fructidor an IX, sont du reste trop explicites pour que la moindre difficulté d'interprétation puisse s'élever à ce sujet.

Mais si *tous* les membres composant un Conseil de Préfecture sont empêchés, par une raison quelconque, d'exercer leurs fonctions, qui désignera les suppléants ? L'arrêté de fructidor an IX n'avait pas prévu ce cas : un décret du 16 juin 1808 a comblé la lacune et décidé qu'il n'appartenait qu'au Ministre de l'intérieur, sur la présentation du Préfet, de désigner des membres du Conseil général du département autres que ceux qui seraient en même temps juges dans les tribunaux ordinaires, en nombre égal à celui des membres du Conseil de Préfecture.

L'arrêté de fructidor est formel, et ses dispositions sont, comme celles des lois relatives à la composition des tribunaux, d'ordre public. Un Conseiller de Préfecture ne peut donc être valablement remplacé que par un Conseiller général. Ce cercle est étroit, mais il ne peut être étendu, et c'est pour ce motif que le Conseil d'État a jugé que l'appel d'un Conseiller d'arrondissement, à titre de suppléant, même en l'absence de membres du Conseil général, avait vicié la composition d'un Conseil de Préfecture, et devait entraîner, dès lors, la nullité de la décision intervenue (2).

____

(1) Conseil d'État, 11 août 1849.

§ V.

Conditions d'âge et de capacité.

Mais il ne suffit pas, pour que le tribunal administratif de premier degré puisse prendre une décision valable, qu'il soit ainsi régulièrement composé du nombre légal de membres, il faut, en outre, que chacun d'eux remplisse personnellement certaines conditions.

Il est de principe que la puissance publique ne peut être déléguée qu'à ceux qui remplissent les conditions déterminées par la loi, et, en effet, la plupart des fonctions exigent une capacité spéciale et des études préparatoires dont il faut justifier. S'il n'en est pas ainsi pour le plus grand nombre des fonctions actives de l'administration, et si, parmi les fonctionnaires de cet ordre, les Conseillers de préfecture ne subissent aucune épreuve, ne doivent point justifier d'un diplôme, preuve au moins apparente de leur capacité, il est juste cependant, qu'ils aient atteint un âge déterminé, mais cette limite d'âge n'a été posée

par aucune loi spéciale. Malgré cet oubli appa-
rent, nous ne croyons pas qu'une portion aussi
importante de la puissance publique puisse être
déléguée à un citoyen qui n'aurait point accom-
pli sa vingt et unième année. Il ne serait pas ra-
tionnel, en effet, de remettre le soin des affaires
publiques à celui que la loi civile considère, à
juste titre, à cause de son état de minorité, comme incapable de régir sa propre fortune. Mais
d'éminents auteurs, dont nous partageons en tout
point l'avis, sont allés plus loin : ils exigent, avec
raison, des Conseillers de Préfecture qu'ils aient
atteint vingt-cinq ans. Les membres des Conseils
de Préfecture ont reçu, en effet, une partie des
attributions conférées par la Constitution de l'an
III, aux administrations de département et les
dispositions de cette constitution exigent que tout
membre d'une administration départementale ait
atteint vingt-cinq ans.

Le Conseil de Préfecture serait donc illégale-
ment composé s'il comprenait un ou plusieurs
membres n'ayant point atteint cet âge, et bien que

la jurisprudence ne paraisse point avoir eu à s'occuper de cette question, nous n'hésiterons pas à regarder les décisions prises par un Conseil de Préfecture ainsi composé, comme entachées d'une nullité radicale.

§ VI.

Incompatibilités.

Cette condition d'âge n'est point la seule qui soit imposée aux membres du tribunal administratif ; il leur est interdit de réunir à leurs fonctions certaines autres qui seraient incompatibles avec les premières. C'est ainsi que, en principe général, les fonctions de l'ordre administratif sont incompatibles les unes avec les autres, car s'il en était autrement, les unes relevant des autres, il s'en suivrait qu'en même temps qu'on exercerait un pouvoir chargé de contrôler et de diriger certaines fonctions, ces mêmes fonctions seraient exercées par la même personne alors revêtue d'une autre qualité. Une telle organisation serait

absurde, irrationnelle et amènerait nécessairement, de graves abus. Il doit donc y avoir une
incompatibilité absolue entre les fonctions de
Conseiller de Préfecture et celles de Préfet, de
Sous-Préfet, de Maire (1), d'Adjoint, etc., et, en
général, avec toutes celles chargées de la direction d'un service actif, ministériel, départemental
ou municipal. Toute décision prise par un Conseil
de préfecture dont l'un des membres remplirait
en même temps des fonctions du genre de celles
que nous venons d'indiquer, devrait être annulée.

Mais il est une observation à consigner ici
relativement à l'incompatibilité que nous venons
de formuler entre les fonctions de Conseiller de
préfecture et celles de Préfet. Cette incompatibilité est moins absolue car la loi du 28 pluviose
an VIII donne au Préfet la faculté d'assister,
quand il le désire, aux séances du Conseil ; alors
il le préside et a voix prépondérante en cas de
partage d'opinion.

---

(1) Loi du 2 avril 1855.

Cette participation du Préfet aux travaux du Conseil de Préfecture de son département est parfaitement légale, il faut donc restreindre l'incompatibilité au cas où un conseiller de Préfecture serait nommé Préfet dans un département autre que celui où il exerçait ses premières fonctions, et dans lequel il continuerait après sa prestation de serment comme Préfet, à participer aux travaux de ses anciens collègues.

Les fonctions de l'ordre judiciaire administratif sont aussi incompatibles avec celles de l'ordre judiciaire civil, car notre droit public assure la séparation des pouvoirs et garantit ainsi leur indépendance. Ce grand principe proclamé, en ce qui concerne la séparation des pouvoirs judiciaire et administratif, par les lois des 16 août 1790, 24 vendemiaire et 16 fructidor an III, reçoit une nouvelle consécration de l'arrêté consulaire du 19 fructidor an IX, qui, en autorisant, dans certains cas, l'entrée au Conseil de Préfecture des membres du Conseil général, déclare que les membres des cours et tribunaux qui font partie des Conseils généraux, ne pourront jamais jouir de cette faculté. Cette incompatibilité est donc absolue et la violation de ce principe serait une cause radicale de nullité pour la décision intervenue dans ces conditions.

Outre ces incompatibilités qui résultent d'un principe d'ordre public, il en est d'autres inscrites dans certaines lois particulières, et en vertu des quelles les fonctions de Conseiller de Préfecture sont encore incompatibles avec le mandat de député au corps législatif (1) et avec celui de conseiller général (2), de conseiller d'arrondissement (3), de conseiller municipal (4).

Le décret du 2 février 1852, art. 29, porte, en effet, que toute fonction publique salariée est incompatible avec le mandat de député au Corps législatif, et déclare que tout fonctionnaire rétribué est réputé démissionnaire par le seul fait de

____

(1) Décret du 2 février 1852.
(2) Loi du 22 juin 1833.
(3) Loi du 22 juin 1833.
(4) Loi du 2 avril 1856.

son admission comme membre du Corps législatif, s'il n'a pas opté avant la vérification de ses pouvoirs.

Il ne peut donc y avoir de doute sur la nullité d'une décision à laquelle aurait participé un Conseiller de Préfecture élu Député et qui serait rendue postérieurement à l'admission de celui-ci au Corps législatif. Dès ce moment, en effet, ce fonctionnaire est, de droit, réputé démissionnaire de ses fonctions, il n'a plus qualité pour prendre part aux travaux du Conseil, et sa participation à un arrêté en entraîne la nullité.

Mais il n'en serait pas de même si l'arrêté avait été rendu antérieurement à son admission au Corps législatif, et pendant les délais accordés pour opter. Aucune cause de nullité ne le vicierait en ce cas, car le Conseiller de Préfecture, bien qu'élu, n'est pas encore député, il ne le devient qu'à partir du moment de son admission ; ce n'est donc qu'à ce moment même qu'il perd ses fonctions administratives, et par suite, le droit qu'elles lui conféraient de participer comme juge à une instance contentieuse.

La même incompatibilité existe entre les fonctions de Conseiller de Préfecture et celles de
Conseiller général (1), de Conseiller d'arrondissement et de Conseiller municipal, mais cette
incompatibilité produira-t-elle des effets identiques
à ceux que nous venons d'indiquer ?

Il faut, croyons-nous, interpréter les dispositions des lois de 1833 et 1855, qui posent le
principe d'incompatibilité dans ce sens que, si un
Conseiller de Préfecture est élu Conseiller général,
Conseiller d'arrondissement, Conseiller municipal,
cette élection seule ne suffira pas pour annuler
tous ses actes de Conseiller de Préfecture. Elle ne
le rend pas en effet, de droit, démissionnaire de

---

(1) Cette incompatibilité qui résulterait des doubles fonctions
de Conseiller de Préfecture et de Conseiller général, n'est pas
cependant absolue et radicale, elle ne doit s'entendre que de
fonctions exercées à titre permanent et non pas d'une supplé-
ance accidentelle et temporelle, puisque l'arrêté du 19 fructidor an IX, désigne, exclusivement, à tous autres les Conseillers
généraux pour suppléer les Conseillers de préfecture ou pour
vider un partage, mais hors ces deux cas, un Conseiller général
ne peut participer aux décisions du Conseil de Préfecture sans
que cette participation soit une cause de nullité pour l'arrêté
intervenu.

ses fonctions premières, elle le met seulement,
en quelque sorte, en demeure d'opter, et, jusqu'au
moment où il aura accepté le mandat électif, les
actes faits en vertu des fonctions premières de
Conseiller de Préfecture, ne seront entachés d'aucune nullité.

Mais si un membre d'un conseil général, d'un
conseil d'arrondissement, d'un conseil municipal
vient à être nommé Conseiller de Préfecture, ce
n'est plus à la priorité de nomination qu'il faut se
reporter pour distinguer quels actes doivent être
maintenus. La nomination de ce membre comme
Conseiller de Préfecture doit, en effet, dès le moment de sa prestation de serment, le faire considérer comme démissionnaire de son mandat électif;
il ne conserve plus qu'une seule qualité, celle
de membre du Conseil de Préfecture, qualité
qu'il accepte puisqu'on suppose de sa part une
participation quelconque aux travaux du Conseil,
participation sans laquelle la question de nullité
ne pourrait être soulevée, et qui le dépouillant
de tout mandat électif, ne laisse subsister que la

fonction administrative pour ne valider que les actes faits en vertu de cette fonction.

A part ces incompatibilités résultant de fonctions et qui sont spécialement déterminées par des lois, il n'en est pas qui puissent naître de la profession exercée, quand même cette profession constituerait plutôt une charge publique qu'une profession commerciale

Aucun texte, en effet, n'interdit aux Conseillers de Préfecture de faire le négoce, comme la loi l'interdit aux juges civils. Cette exception est regrettable, car les motifs qui ont fait admettre cette défense pour les membres des tribunaux ordinaires, existent tout autant pour les tribunaux administratifs.

Quant aux avoués (1), aux huissiers, ils ne sont pas membres des tribunaux auxquels ils sont attachés ; ce sont des fonctionnaires qui n'en font point partie et auxquels, dès lors, on ne peut étendre l'incompatibilité établie par les

____

(1) Conseil d'État, 24 août 1849.

lois du 16 août 1790, 24 vendémiaire et 16 fructidor an III, entre les fonctions de l'ordre judiciaire administratif et celles de l'ordre judiciaire
civil. De même pour la profession d'avocat. L'a-
voué, l'avocat, l'huissier peuvent donc participer
à un arrêté d'un Conseil de Préfecture et cette
participation, quelque peu rationnelle qu'elle
nous paraisse, ne sera pas pour cet arrêté une
cause de nullité. Il n'en serait pas de même de
la profession de greffier des tribunaux de l'ordre
judiciaire. En effet, l'art. 1er du décret du 24
vendemiaire an III, désigne expressément les
greffiers comme ne pouvant être membre d'un
directoire de département.

La profession de notaire est également incompatible avec les fonctions de Conseiller de Préfecture. Le Conseil d'Etat dans un avis inédit du
10 ventose an XIII, paraît, en effet, confirmer
l'incompatibilité établie, par le même décret de
l'an III, entre les fonctions de notaire et celles
de membre de directoire de département.

§ VII.

Récusation.

Mais il ne suffit pas, pour qu'un Conseil de Préfecture puisse prendre un arrêté valable, que tous les membres aient l'âge requis ; il ne suffit pas non plus qu'ils ne remplissent pas de fonctions incompatibles avec celles de Conseiller de préfecture, il faut, encore, qu'il ne se trouve pas dans le même Conseil deux parents ou alliés de l'une des parties jusqu'au degré de cousin issu de germain inclusivement. Ce cas, s'il se présentait devant un tribunal civil, pourrait donner lieu au renvoi de l'affaire devant un autre tribunal, conformément à l'article 368 du Code de procédure civile. En serait-il de même devant le tribunal administratif de premier degré, et une partie pourrait-elle demander, pour cette cause, le renvoi de l'affaire devant une autre Conseil de Préfecture.

Nous ne le croyons pas ; il serait, en effet, bien difficile, dans la pratique administrative, d'admettre cette manière de procéder qui n'est prévue par aucun texte, et qui ne paraît pas, du reste, s'être présentée jusqu'ici. L'intérêt de la justice exigeant cependant que le Conseil ne reste pas ainsi composé, et l'affaire ne pouvant être renvoyée devant un autre Conseil, quelle voie prendre pour donner toute garantie aux justiciables si nous n'admettons pas, comme dans les tribunaux civils, le principe de la confusion des voix introduit par la jurisprudence comme remède naturel aux inconvénients qui peuvent naître d'un concours de parents à une même décision.

Pour remédier à cet inconvénient, il faut simplement considérer la présence de ces deux parents ou alliés d'une partie à un degré prohibé par l'article 368 du Code de procédure civile, comme pouvant donner lieu à une double récusation.

La *récusation*, en effet, bien qu'il n'en soit pas question dans les lois administratives et que l'arrêté du 19 fructidor an IX soit la seule disposition qui suppose cette faculté laissée aux parties devant le Conseil de Préfecture, puisqu'il dispose par son article 6, qu'en *cas de récusation, le service des suppléants sera gratuit*, la récusation doit être admise devant les Conseils de Préfecture; c'est une garantie d'impartialité, une garantie d'ordre public; un droit qui peut être exercé devant toute juridiction; qui doit protéger les parties devant les tribunaux administratifs aussi bien que devant les tribunaux ordinaires (1) et dont l'exercice ne sera pas plus un obstacle à la rapidité de la décision administrative qu'il ne l'est à celle de la décision judiciaire. Dans le silence de la loi ce sera, donc, aux règles de la procédure civile ordinaire qu'il faudra recourir en tant que peuvent le comporter les formes de la justice administrative, pour déterminer les causes de récusation devant les Conseils de Préfecture (2).

---

(1) Conseil d'Etat, 25 avril 1833.
       idem.   27 avril 1838.
(2) Conseil d'Etat, 2 avril 1828.

Tout membre du tribunal administratif de premier degré pourra, dès lors, être récusé :

1o S'il est parent ou allié des parties, ou de l'une d'elles, jusqu'au degré de cousin issu de germain inclusivement ;

2o Si sa femme est parente ou alliée de l'une des parties, ou s'il est lui-même parent ou allié de la femme de l'une des parties, au degré ci-dessus, lorsque la femme est vivante, ou qu'étant décédée, il en existe des enfants. Si elle est décédée et qu'il n'y ait point d'enfants, le beau-père, le gendre, les beaux-frères, pourront également être récusés ;

3o Si lui, sa femme, leurs ascendants et descendants, ou alliés dans la même ligne, ont un procès en leur nom dans un tribunal où l'une des parties sera juge ; s'ils sont créanciers ou débiteurs de l'une des parties ;

4o Si dans les cinq ans qui ont précédé la récusation, il y a eu procès criminel entre eux et l'une des parties, ou son conjoint, ou ses parents ou alliés en ligne directe ;

5o S'il y a procès civil entre lui, sa femme,

leurs ascendants et descendants, ou alliés dans la même ligne et l'une des parties, et que ce procès, s'il a été intenté par la partie, l'ait été avant l'instance dans laquelle la récusation est proposée ; si ce procès étant terminé, il ne l'a été que dans les six mois précédant la récusation ;

6o Si l'une des parties est sa présomptive héritière ;

7o S'il est tuteur, subrogé-tuteur ou curateur, héritier présomptif, ou donataire, maître ou commensal de l'une des parties ; s'il est administrateur de quelque établissement, société ou direction, partie dans la cause, à moins qu'il ne dirige cet établissement que comme fonctionnaire public et en cette qualité, car il n'agirait pas alors en son privé nom, mais ferait simplement un acte de ses fonctions ;

8o S'il y a inimitié capitale entre lui et l'une des parties ; s'il y a eu de sa part agression, injures ou menaces, verbalement ou par écrit, depuis l'instance ou dans les six mois précédant la récusation proposée ;

9o S'il a donné conseil, plaidé ou écrit sur le

différend ; s'il en a précédemment connu comme juge ou comme arbitre ; s'il a sollicité, recommandé ou fourni aux frais du procès ; s'il a déposé comme témoin ; si depuis le commencement du procès il a bu et mangé avec l'une ou l'autre des parties, dans leur maison, ou reçu d'elles des présents.

Remarquons, toutefois, qu'on ne pourrait proposer la récusation du membre du Conseil qui, désigné pour remplacer le Préfet, aurait, en cette qualité, pendant le cours d'une instruction administrative, transmis à un ministre ou à un fonctionnaire sous ses ordres, des renseignements sur une affaire dans laquelle il serait ultérieurement appelé à se prononcer par la voie contentieuse. Il n'aurait fait alors qu'un acte ordinaire de ses fonctions, et ses rapports réguliers entretenus par la voie hiérarchique ne pourraient, en aucune manière, motiver une récusation (1). Il en serait de même du Préfet assistant à la séance ; il ne pourrait pas plus être récusé pour ce motif.

---

(1) Conseil d'État, 26 juin 1852.

CHAPITRE TROISIÈME.

Délibération et Jugement.

§ I.

Formation de la majorité

C'est présidé par le Préfet, quand il assiste à la séance (1), ou par le membre du Conseil délégué pour remplacer le Préfet absent du chef-lieu ou du département, ou, enfin, par le premier des Conseillers inscrits au tableau, quand ni le Préfet, ni son délégué n'assistent à la séance, que le Conseil de préfecture délibère et rend son arrêté.

Si le Conseiller de préfecture délégué par le Préfet absent peut, même lorsqu'il n'est pas le doyen du Conseil, présider la séance à laquelle il assiste et avoir voix prépondérante en cas de

___

(1) Loi du 28 pluviose an VIII.

partage d'opinions, soit sur le fonds de l'affaire,
soit même, comme nous l'avons vu plus haut,
sur le choix du suppléant, lorsque le Conseil doit
être complété, parce qu'il a tous les pouvoirs du
Préfet, en vertu de la délégation qui lui a été
donnée, ce droit ne peut cependant appartenir, en
aucun cas, au Secrétaire-général. La présidence
ne peut être déléguée à ce fonctionnaire, d'après
une décision ministérielle du 29 floréal, an X.

On a peine à s'expliquer cette exception. La
présidence déférée de droit au Préfet n'est pas,
comme nous l'avons déjà dit, un simple honneur,
c'est un véritable pouvoir et ce pouvoir dès lors
devrait être délégué au Secrétaire-général rem-
plaçant le Préfet, comme tous les autres pouvoirs
lui sont délégués.

L'arrêté ne peut être rendu qu'à la majorité
absolue des suffrages des membres présents, c'est-
à-dire que le même avis doit réunir au moins la
moitié des voix plus une. Mais les Conseils de
Préfecture pouvant compter trois, quatre, cinq et
même six membres délibérants si le Préfet assiste

à la séance (1), il y a lieu de présenter ici quelques observations sur la manière dont se formera cette majorité absolue, suivant la composition du tribunal et le nombre des opinions qui surgiront.

Et d'abord, quel que soit le nombre des membres présents à la délibération, si deux opinions seulement se manifestent et qu'elles se fractionnent de manière à ce que l'une d'elles réunisse deux voix dans un Conseil composé de trois membres, et trois voix, si le Conseil compte quatre ou cinq membres délibérants, il est clair qu'il n'y aura pas de difficulté et que la majorité ab-

---

(1) Le nombre des Conseillers de préfecture est fixé à *quatre* dans les départements suivants: Calvados, Charente-Inférieure, Côtes-du-Nord, Dordogne, Finistère, Haute-Garonne, Gironde, Ille-et-Vilaine, Isère, Loire-Inférieure, Maine-et-Loire, Manche, Moselle, Nord, Orne, Pas-de-Calais, Puy-de-Dôme, Bas-Rhin, Saône-et-Loire, Seine-Inférieure, Seine-et-Oise, Somme.

Le Conseil de Préfecture est composé de *trois* membres dans les autres départements, à l'exception de celui de la Seine, où l'ancien chiffre de *cinq* membres fixé par la loi du 28 pluviose an VIII est maintenu. (Décret du 9 avril 1852).

On peut regretter dans la pratique qu'il y ait des Conseils de préfecture composés de 3 membres. Il arrive souvent, en effet, que la prompte expédition de la justice administrative souffre de cette réduction.

solue sera acquise à celle des deux opinions qui aura réuni trois suffrages si le Conseil est composé de quatre ou de cinq membres, deux suffrages si le Conseil n'a que trois membres.

Mais il ne sera pas toujours aussi facile d'avoir la majorité absolue. Différents cas peuvent, en effet, se présenter ; il est bon de les examiner successivement.

Supposons un Conseil de Préfecture composé de quatre membres : deux opinions seulement sont en présence, mais ces deux opinions réunissent chacune deux voix. Point de majorité absolue ; par suite, impossibilité d'arriver à une décision sans recourir aux dispositions de l'arrêté consulaire du 19 fructidor an IX, et nécessité pour les membres du Conseil d'appeler pour les départager, conformément à l'article 3 de cet arrêté, et, dans les formes que nous avons indiquées plus haut, un membre du Conseil général ; mais cette nécessité, toutefois, n'existe pas si le Préfet ou celui qui en remplit les fonctions assiste à la séance et compte parmi les quatre membres délibérants , car la voix de l'un ou de l'autre est alors prépondérante, comme il résulte des articles 5 de la loi du 28 pluviôse an VIII, et 4 de l'arrêté du 19 fructidor an IX. Remarquons que la voix du plus ancien des membres présents, alors même qu'il présiderait le Conseil en l'absence du Préfet ou de son délégué, ne jouirait pas, dans ce cas de partage d'opinion, du droit de prépondérance, à la différence de ce qui se passe au cas de partage sur le choix d'un conseiller suppléant, cas où le doyen d'âge du Conseil peut avoir voix prépondérante si le Préfet ou celui qui en fait les fonctions n'assiste pas à la séance.

Mais qu'arriverait-il si , dans un Conseil de Préfecture, que le chiffre des membres fût pair ou impair, il surgissait assez d'opinions pour qu'aucune d'entre elles n'eût la majorité absolue, c'est-à-dire la moitié plus une des voix , mais que l'une d'elles cependant réunit la majorité relative.

C'est dans les dispositions de l'article 117 du Code de procédure civile qu'il faudra chercher la solution de cette difficulté. S'il se forme plus de deux opinions, les membres du Conseil plus faibles en nombre seront tenus de se réunir à l'une des deux opinions qui auront réuni le plus de voix, après, cependant, que les voix auront été recueillies une seconde fois, afin de laisser à chacun le temps de bien peser son opinion et de se décider, en toute liberté, à y persister ou à l'abandonner.

Nous avons, ici, supposé une majorité relative, mais il peut surgir de la délibération assez d'opinions pour qu'aucune d'entr'elles n'ait une majorité relative, et qu'il y ait autant d'avis que de membres délibérant. Dès lors plus d'application possible de l'article 117 du Code de procédure civile.

Pour sortir de cette difficulté il sera nécessaire d'examiner si, dans la question posée et sur laquelle, en apparence, il y a autant d'avis que de membres, il ne se rencontre pas une partie du litige qui réunisse une sorte de majorité relative, car on rentrerait alors dans le cas précédent. Supposons un Conseil de Préfecture composé de quatre membres, et l'une des parties concluant au paiement des dommages-intérêts. Des quatre membres du tribunal administratif l'un nie le préjudice causé et refuse, par conséquent, toute indemnité, les trois autres admettent le dommage mais diffèrent sur le chiffre de l'indemnité à accorder. Voilà bien, à première vue, quatre opinions différentes. Mais cette divergence n'est qu'apparente ; il n'y a là réellement que deux opinions : l'une admet le principe de l'indemnité, l'autre la repousse : la première a donc la majorité puisqu'elle réunit trois opinions qui, bien que différant sur le chiffre, sont d'accord sur le principe. Que devient alors l'opinion qui refuse toute indemnité ? Elle doit s'effacer et revenir à l'une de celles qui accordent des dommages-intérêts et l'on n'a plus que trois opinions, dont l'une a une majorité relative et à laquelle les autres doivent se réunir si, après un second tour de scrutin, la position n'a pas changé.

Mais la question soumise au Conseil n'est pas

toujours une question complexe, et, comme dans l'exemple que nous venons de citer, la différence des opinions peut ne pas cacher une majorité relative. En d'autres termes, il peut réellement se rencontrer autant d'avis différents que de membres du Conseil.

La solution n'en sera pas plus difficile. Quel que soit le nombre des membres délibérant, qu'il soit pair ou impair, cette impossibilité de former une majorité relative constituera, dans ce cas, un véritable partage et donnera lieu à l'application des dispositions de l'arrêté du 19 fructidor an IX. Mais alors le membre du Conseil général appelé en vertu de cet arrêté, devant nécessairement adopter l'une des opinions émises, l'on aura une majorité relative, et l'article 117 du Code de procédure civile pourra, encore, recevoir son application.

§ II.

Constitution de l'arrêté.

La décision bien arrêtée dans l'esprit du Conseil, est formulée par le conseiller-rapporteur et signée, en minute, par tous les membres présents ou par trois d'entre eux, au moins, à peine de nullité (1).

C'est à partir de ce moment, seulement, que l'arrêté est constitué, que l'instance est terminée et que la juridiction du Conseil est épuisée, de telle sorte qu'il ne pourrait plus statuer sur toute réclamation ultérieure qui tendrait à lui soumettre de nouveau le jugement de la même contestation (2) ; mais, jusque-là, les membres du Conseil ne sont pas liés, ils peuvent rétracter l'opinion à laquelle ils s'étaient arrêtés d'abord. Il suit de là que si, après la délibération prise, la lecture de l'arrêté qui doit formuler cette décision est remise à la séance suivante et que, dans l'intervalle, un des membres vient à décéder ou à changer d'avis, cet événement peut détruire complétement la décision à laquelle ce membre avait pris part, mais qu'il n'avait point encore signée ;

(1) Conseil d'Etat, 10 février 1822.
        Idem.   17 avril 1822.
(2) Conseil d'Etat, 19 janvier 1850.

si, par exemple, dans le cas de décès, le Conseil n'est composé que de trois membres, car, alors, deux signatures seulement peuvent être mises au bas de l'arrêté, ou si, le Conseil étant composé de quatre ou de cinq membres, il s'est produit, par le changement d'avis de l'un d'eux, trois ou quatre opinions différentes. Il sera nécessaire dans ce cas de recomposer la majorité par une nouvelle discussion suivie d'un nouveau calcul des voix.

Une fois signé et, ainsi rendu régulier quant à la forme extérieure, l'arrêté devient la propriété des parties, qui peuvent en exiger expédition (1), et il n'appartient à personne d'en contester le caractère ni de refuser cette expédition (2) si elle est demandée ; nul ne peut non plus le faire modifier que suivant les formes établies, comme nous le verrons plus bas. Il est donc nécessaire de prendre, dès ce moment, toutes les précautions nécessaires pour en assurer la conservation intégrale,

----

(1) Loi du 7 messidor an II.
(2) Conseil d'État, 11 août 1849.

c'est-à-dire de le transcrire sur le registre spécial des délibérations où il est signé, de nouveau, par les membres qui ont signé la minute. Si cette inscription, sur un registre spécial, n'est point prescrite à peine de nullité (1), elle n'en doit pas moins être faite avec régularité, afin de prévenir les fâcheux accidents qui pourraient provenir de la perte de la minute.

§ III.

Formes substantielles et contenu de l'arrêté.

Les arrêtés rendus par les Conseils de Préfecture ne sont assujettis à aucune règle spéciale en ce qui concerne la manière dont ils doivent être formulés. L'usage et la jurisprudence exigent cependant qu'ils contiennent :

Les *noms, prénoms, professions* et *demeures* des parties, afin qu'il soit clairement établi entre qui l'arrêté a été rendu, à quel titre et en quelle qualité les parties en cause ont gagné ou succombé ;

---

(1) Conseil d'État, 10 mai 1851.

Les conclusions, afin qu'il soit facile de reconnaître si le Conseil a statué sur toutes sans en omettre, sans en ajouter, car ce tribunal administratif ne peut juger *ultra petita,* à peine d'être annulé pour excés de pouvoirs (1) ni prononcer par voie de disposition générale et réglementaire pour l'avenir, sur les mêmes conclusions (2);

Le visa des pièces jointes à l'appui des conclusions, pour qu'on puisse constater si l'arrêté est contradictoire ou par défaut (3);

Le visa des lois appliquées et dont les termes doivent être inscrits dans tout arrêté portant condamnation à peine de nullité (4);

Les motifs sur lesquels le Conseil de Préfecture s'est basé pour prendre sa décision. Leur absence serait une cause de nullité pour cette décision.

----

(1) Conseil d'Etat, 1 mai 1813.
     Idem.   8 mars 1811.
(2) Conseil d'Etat, 6 avril 1859.
(3) Conseil d'Etat, 2 février 1813.
(4) Conseil d'Etat, 26 octobre 1836.

le Conseil d'État l'a souvent décidé (1) en même temps qu'il exige que la décision soit motivée sur chacun des chefs à l'égard desquels elle statue, mais il reconnaît aussi qu'un arrêté qui se *référerait* expressément à un avis ou à un document *motivé* de l'instruction, serait par cela même suffisamment motivé (2). Le simple *visa* de cet avis ou de ce document ne suffirait pas pour amener ce résultat, car viser un rapport n'est pas s'y référer et c'est moins encore en adopter les motifs.

Le principe de l'obligation imposée aux Conseils de Préfecture de motiver leurs décisions sur tous les chefs de la demande est donc bien reconnu par la jurisprudence. Mais si l'absence de motifs entraîne la nullité de l'arrêté, les inexactitudes, les erreurs que ces motifs contiendraient, n'amèneraient pas la même nullité. Une décision peut donc être mal motivée et, cependant, parfaite-

---

(1) Conseil d'Etat, 17 mai 1851.
    Idem.   18 novembre 1846.
(2) Conseil d'Etat, 21 janvier 1815.
    Idem.   6 juin 1856.

ment bien rendue au fond : cette irrégularité n'en entraînerait pas la nullité ; le tribunal administratif suprême confirmerait une semblable décision par de nouveaux motifs plus fondés (1).

La dernière obligation imposée aux arrêtés des Conseils de Préfecture pour qu'ils soient complets et constituent une décision, c'est de contenir un *dispositif* (2), c'est-à-dire l'énoncé de la résolution du Conseil. Le dispositif est, de toutes les parties de la décision, la plus essentielle ; c'est celle qui constitue véritablement l'arrêté et à laquelle on doit uniquement s'attacher pour décider si le Conseil est resté dans les bornes de sa compétence (3).

Ce dispositif, pour distinguer la décision contentieuse du simple avis que le Conseil de Préfecture est, quelquefois, appelé à donner, doit être rédigé sous forme de commandement, de condam-

---

(1) Conseil d'Etat, 31 janvier 1838.
(2) Conseil d'Etat, 3 août 1854.
(3) Conseil d'Etat, 31 janvier 1838. — Idem, 19 avril 1855.

nation. Il est ordinairement formulé en ces termes :
Le Conseil de Préfecture...... *Arrête... Ordonne... Condamne...* La jurisprudence veut qu'il soit aussi formel (1).

Telles sont les obligations imposées pour la validité d'un arrêté du Conseil de Préfecture en ce qui concerne la composition de ce tribunal administratif et la forme de sa décision. Nous ajouterons, pour terminer ce chapitre, qu'il n'est pas nécessaire que cette décision soit prise dans un local spécial ni un autre jour qu'un jour férié (2).

(1) Conseil d'Etat, 5 mai 1841.
(2) Conseil d'Etat, 30 mai 1841.

CHAPITRE QUATRIÈME.

Dommages-intérêts.
Intérêts des intérêts. — Dépens. — Frais.

Les Conseils de Préfecture peuvent-ils prononcer sur les dommages et intérêts réclamés, devant eux, par les parties? On a répondu négativement à cette question (1), mais l'affirmative nous semble, cependant, devoir être adoptée.

La demande de dommages et intérêts ne peut naître, en effet, sans qu'il existe un fait qui la motive, et si l'appréciation de ce fait est de la compétence du Conseil de Préfecture, la solution de la question de dommages qui sera l'accessoire de ce fait principal, devra rentrer également dans le contentieux administratif. La nature du litige devra donc fixer la juridiction qui connaîtra

(1) Macarel, Eléments de jurisprudence administrative, t. 1er, n° 123, et Cormenin, t. 1, p. 79.

de la demande de dommages-intérêts : si cette demande naît à l'occasion d'une contestation purement privée et de la compétence des tribunaux ordinaires, nul doute, le tribunal administratif n'en pourra pas connaître; mais si la contestation est contentieuse, ce tribunal sera parfaitement compétent pour prononcer sur les dommages demandés.

La jurisprudence du Conseil d'État, par de nombreux arrêts, vient à l'appui de cette opinion (1).

Le Conseil de Préfecture peut non seulement accorder la réparation des dommages causés, mais il peut encore condamner au paiement des intérêts des sommes qui seraient dues, à condition toutefois que ces intérêts seront conformément à l'art. 1153 du Code Napoléon, comptés du jour où ils auront été demandés devant le Conseil de Pré-

(1) Conseil d'Etat, 27 août 1833.
    Idem,   9 novembre 1833.
    Idem,   19 décembre 1839.
    Idem,   27 juillet 1850.

fecture, et non du jour où il y aura eu demande du capital (1), et ce, alors même qu'il aurait été stipulé, entre les parties, que ces intérêts courraient de plein droit (2).

Les intérêts des intérêts peuvent eux-mêmes être capitalisés et produire intérêt, conformément aux dispositions de l'art. 1154 du Code Napoléon, d'après lequel les intérêts échus des capitaux peuvent, par une demande judiciaire, produire des intérêts, pourvu que dans la demande il s'agisse d'intérêts dus, au moins pour une année entière (3), et qu'après cette période, il soit fait une demande spéciale d'intérêts, lesquels, dans tous les cas, ne peuvent courir que du jour de la demande.

Le Conseil de Préfecture peut également, dans les instances contentieuses de sa compétence, statuer sur les frais et dépens faits devant lui par application du principe général que le tribunal

(1) Conseil d'État, 26 décembre 1856.
(2) Conseil d'État, 10 décembre 1857.
(3) Conseil d'État, 15 avril 1857.

compétent pour juger le fond, l'est aussi pour juger l'accessoire.

Les dispositions des art. 130 et 131 du Code de procédure civile peuvent donc être appliqués par le tribunal administratif. C'est ainsi que la partie qui succombe ou qui se désiste doit être condamnée aux dépens de l'instance, et que ceux-ci doivent être compensés lorsque les parties succombent chacune, respectivement, sur quelque chef (1).

Ce n'est pas seulement les frais faits devant lui que le Conseil de Préfecture peut liquider; il peut même, mais dans un cas seulement, connaître des frais faits devant l'autorité judiciaire; quand, par exemple, une affaire déjà entamée devant le tribunal ordinaire a été renvoyée au tribunal administratif par suite d'un arrêt de conflit. C'est, en effet, au juge chargé de terminer la contestation qu'il appartient d'apprécier toutes

____

(1) Conseil d'Etat, 3 septembre 1836.
    Idem,   18 août 1857.

les causes de dépens et de statuer sur ceux-ci dès le commencement de l'instance. Le Conseil de Préfecture n'excéderait donc pas les limites de sa compétence en prononçant, dans ces circonstances, sur la totalité des dépens (1). Mais, ce cas excepté, il ne pourrait connaître des dépens faits devant l'autorité judiciaire (2).

Les dépens doivent être réservés jusqu'à l'arrêté qui termine la contestation ; c'est par cet arrêté qu'ils sont mis à la charge de l'une ou de l'autre des parties et, si le Conseil de Préfecture a omis de statuer sur ce chef, il ne peut plus, par un arrêté additionnel, réparer cette omission ; sa juridiction est épuisée, il ne reste à la partie que le recours au Conseil d'État.

Mais si l'arrêté du Conseil de Préfecture qui termine la contestation doit statuer sur les dépens, il peut cependant, bien qu'indiquant la partie par laquelle ils seront supportés, omettre

____

(1) Conseil d'État, 23 février 1811.
(2) Conseil d'État, 13 novembre 1835.

de les liquider. Dans ce cas, la partie intéressée peut s'adresser, de nouveau, au Conseil pour obtenir cette liquidation, qui est faite par un nouvel arrêté du tribunal administratif et qui ne pourrait, en aucun cas, être établie ni par le Préfet, ni par le Doyen, ni par le Président du Conseil (1).

L'arrêté portant liquidation des dépens sert d'exécutoire pour en obtenir le paiement.

Tout ce que nous venons de dire s'applique aux dépens des instances engagées entre simples particuliers, comme aussi entre départements, communes, corporations ou établissements publics. Mais la jurisprudence constante du Conseil d'État n'admet pas qu'il en soit ainsi quand l'État est en cause représenté par une de ses grandes administrations publiques, telles que celles des finances, des contributions directes, des contributions indirectes, de l'enregistrement, des douanes, etc.

D'après cette jurisprudence, aucune disposition de loi n'autorisant à prononcer de dépens à la

____

(1) Conseil d'État, 12 septembre 1818.

charge ou au profit des administrations publiques parties dans les instances contentieuses, les Conseils de Préfecture ne peuvent, dans les affaires portées devant eux, mettre aucune condamnation de dépens à la charge ou au profit de l'État, ils doivent décider que chacune des parties supportera ses propres frais et que les frais communs seront partagés également.

La raison sur laquelle s'appuie cette jurisprudence pourrait tout aussi bien s'appliquer aux départements, aux communes, aux établissements publics, et cependant, elle admet, pour ceux-ci, par de nombreux arrêts, la possibilité d'une condamnation aux dépens.

En présence des principes posés par les articles 130 et 131 du Code de procédure; en présence de la loi du 16 septembre 1807, qui autorise le Conseil de préfecture à condamner l'État à réparer le dommage par lui causé; en présence, surtout, de la loi du 3 mai 1841, sur l'expropriation publique, qui met les frais faits devant le jury, à la charge de l'administration, quand elle succombe, il eût été préférable que la jurisprudence ne posât pas cette exception.

Cette jurisprudence paraît cependant vouloir se relâcher un peu de sa rigueur. Un arrêt du 11 décembre 1856 a mis, en effet, à la charge de l'administration tous les frais d'une expertise, parce que l'expert de l'administration n'avait offert, pour un dommage causé par suite du chomage d'un moulin, qu'une indemnité inférieure à celle que la tierce expertise avait allouée.

Quoi qu'il en soit, si ce principe ne devait pas prévaloir dans l'avenir, il y aurait, pour les Conseils de Préfecture, quand l'État est partie, un moyen indirect d'appliquer les principes équitables posés par les articles 130 et 131 du Code de procédure civile, et cela sans violer la jurisprudence du tribunal supérieur, ce serait de comprendre dans la condamnation les frais causés par le refus de la partie qui succombe de satisfaire à la juste réclamation qui lui était adressée.

CHAPITRE CINQUIÈME.

De la signification des arrêtés.

S'il est déjà bien difficile aux parties d'acquérir la connaissance d'un jugement rendu par un tribunal civil bien que l'audience soit publique, que ce jugement y soit lu et que les parties aient pu, dès lors, se trouver présentes à cette lecture, et si la loi civile a justement exigé, pour cette raison, que le jugement soit signifié pour être réputé connu, cette difficulté se présente plus grande encore devant les Conseils de Préfecture, où la publicité d'audience n'est pas admise, et où, par conséquent, l'arrêté ne peut être lu en présence des parties.

La signification de la décision prise est donc nécessaire aussi bien pour préparer l'exécution de cette décision dont elle est, pour ainsi dire, le premier acte, que pour déterminer le point de départ des différents délais fixés pour en obtenir

la réformation, tant à l'égard de la partie au nom
de laquelle la signification est faite qu'à l'égard
de celle qui la reçoit (1).

En général, pour être valable et régulière, cette
signification doit être faite selon les formes légales,
intégralement, à la requête des parties, à personne
(2) ou à domicile, et par le ministère d'huissier
(3) conformément à l'article 443 du Code de procédure civile. Cette marche rationnelle nous
semble surtout obligatoire quand les parties sont
des particuliers ou des départements, communes
ou établissements publics. car ces communautés
forment de véritables personnes privées, et, dès
lors, quel que soit le rôle de chacune d'elles dans
l'instance, les formes obligatoires de la significa-

----

(1) Conseil d'Etat, 4 février 1855.

(2) Conseil d'Etat, 3 décembre 1857. (Cet arrêt décide que la
signification d'un arrêté ne peut, lorsqu'elle a été faite au mari
d'une femme séparée de biens, faire courir contre cette femme
le délai du pourvoi.)

(3) Conseil d'Etat, 17 avril 1812.

Idem,   5 mai 1830.

tion entre particuliers doivent leur être également appliquées (1).

Mais cette obligation d'employer le ministère d'un huissier doit-elle être aussi imposée quand l'Administration figure dans l'instance et que la signification doit être faite en son nom ? La jurisprudence du Conseil d'État répond négativement. Elle décide que l'Administration, au profit de laquelle un arrêté a été rendu, soit contre un particulier, soit contre une de ces communautés qui forment de véritables personnes privées, n'a pas besoin de recourir au ministère d'huissier pour signifier cet arrêté à la partie adverse ; la signification, dans la forme administrative (2), c'est-à-dire celle résultant de l'emploi de certains fonctionnaires ou agents, que nous avons déjà fait

---

(1) Conseil d'État, 1 avril 1830.
    Idem,   25 août 1811.
    Idem,   20 mai 1812.
(2) Conseil d'État, 2 janvier 1839.
    Idem   6 août 1810.
    Idem   29 janvier 1811.
Loi du 17 juillet 1819, art. 12 et 14.

connaître quand il s'est agi plus haut de la communication de pièces entre parties pendant l'instruction sera suffisante et la preuve que cette signification administrative a été faite, résultera, soit du récépissé que les agents chargés de la signification en retireront, soit du procès-verbal qu'ils dresseront de l'exécution de cette formalité, soit même simplement de la mention inscrite et signée par le fonctionnaire chargé de ce soin, sur la copie signifiée (1), et dans ces ces différents cas, c'est toujours à partir du jour même ou la signification a lieu à personne ou domicile que court le délai du recours (2).

Le Conseil d'Etat a même récemment décidé que, indépendamment de toute signification, un particulier aurait une connaissance suffisante de l'arrêté pour faire courir contre lui les délais du recours, s'il avait retiré l'expédition de cet arrêté (3).

(1) Conseil d'Etat, 21 juin 1851.
(2) Conseil d'Etat, 27 novembre 1856.
(3) Conseil d'Etat, 28 décembre 1851.

Mais l'Administration peut n'avoir pas eu gain de cause, une condamnation peut avoir été obtenue contre elle. Comment, dans ce cas, se fera la signification de l'arrêté? Y aura-t-il lieu de procéder contre l'administration à la signification par huissier, afin de faire courir contre elle les délais de l'appel, ou ces délais courront-ils, sans qu'il soit besoin de signification et à partir du jour où le représentant de l'État aura eu connaissance officielle de la décision.

Un décret du 17 avril 1812 (1) porte que si l'envoi par les autorités supérieures aux autorités inférieures suffit pour rendre exécutoires les actes purement administratifs, il n'en est pas de même quand il s'agit d'arrêtés d'un Conseil de Préfecture statuant sur la propriété; que de tels arrêtés sont des *jugements* et que la prescription ou la force de la chose jugée ne peut leur être utilement opposée qu'autant que la partie qui oppose

______

(1) Ce décret est inséré au bulletin des lois, N° 7920, année 1812.

cette exception, les a *régulièrement signifiés*, et dans les délais fixés par les lois et règlements. Conformément à ce décret qui a force de loi, le Conseil d'Etat avait souvent décidé, et notamment encore le 1er février 1844, que l'envoi fait par le Préfet à un Ministre d'un arrêté du Conseil de Préfecture qui condamnait l'Etat n'équivalait pas à une signification régulière et ne suffisait par pour faire courir les délais d'appel, à moins qu'il ne s'agit de contributions directes (1), de grande voirie ou de police du roulage (2).

Mais cette jurisprudence à changé, et un arrêt du Conseil, du 25 mars 1846, a étendu à d'autres matières que les contributions directes, la grande voirie et la police du roulage, ce principe de la connaissance acquise; on n'exige plus de signification de la part de la partie intéressée pour faire courir les délais, et l'on regarde la connaissance officielle que le représentant de l'admi-

---

(1) Conseil d'Etat, 17 août 1841.
(2) Conseil d'Etat, 23 juillet 1841.

nistration obtient de la condamnation prononcée contre cette dernière, par la voie hiérarchique, comme suffisante pour constituer une signification, à l'égard de l'Administration elle-même.

La jurisprudence du Conseil d'Etat va même plus loin lorsqu'elle décide que la notification faite par un Préfet à un particulier, d'un arrêté rendu entre ce particulier et l'administration, fait courir même contre l'administration le délai du recours (1).

Cette nouvelle jurisprudence paraît rationnelle : elle a été consacrée, il y a peu d'années, par une disposition législative, en ce qui concerne, du moins, la police du roulage (2).

La position de l'administration vis-à-vis de la partie qui a obtenu une condamnation contre elle motive suffisamment cette disposition. L'administration a intérêt à former un recours puisque ses conclusions n'ont pas été accueillies, et elle ne

(1) Conseil d'Etat, 24 janvier 1856.

(2) Loi du 30 mai 1851, art. 25.
Conseil d'Etat, 31 mai 1851.

peut attendre cette sorte de mise en demeure de
la part de la partie qui n'y a pas intérêt, puisque
l'effet en serait de permettre de revenir sur une
décision qui lui a été favorable ; il fallait donc,
dans l'intérêt de la justice, qu'on ne laissât pas
ainsi l'administration à la merci d'une partie,
mais il fallait aussi qu'on se prononçât dans un
certain délai, et c'est, dès lors, avec raison, que
la jurisprudence, en décidant que ce délai courra,
pour l'administration, du jour où elle aura eu connaissance officielle de l'arrêté, par la transmission
des pièces à son représentant, fait considérer
cette transmission comme suffisante pour constituer, à son égard une signification.

Le Conseil d'État a, cependant, par un arrêt
du 4 décembre 1856, dérogé à ce principe de la
connaissance acquise en décidant que la notification faite par un Maire d'un arrêté dans lequel
la ville qu'il administre est partie, ne fait pas courir contre cette ville les délais du recours, si le
Maire déclare dans la notification qu'il n'agit pas
au nom de la ville, mais pour se conformer à un

ordre supérieur, et sous réserves des droits de la ville à se pourvoir elle-même sans que la notification puisse lui être opposée.

C'est une atteinte grave portée au principe de la connaissance acquise, déjà posé par l'arrêt du 25 mars 1846.

La notification faite, même avec réserves, n'en constate pas moins, en effet, la connaissance acquise de l'arrêté, et il semblerait, dès lors, que dans le délai de trois mois la ville devrait, à peine de déchéance, formuler son intention de se pourvoir.

CHAPITRE SIXIÈME.

De l'exécution des arrêtés.

Nous avons vu, dans les chapitres précédents, comment se présentent les demandes, et comment, sur ces demandes, se forment et se rendent les décisions du tribunal administratif de premier degré. En d'autres termes, nous avons indiqué comment la partie qui revendique un droit arrive à la connaissance légale de ce droit, et, par suite, à la condamnation de l'adversaire qui le lui contestait. Mais il ne suffit pas qu'une décision ait été rendue, que par cette décision le droit ait été proclamé et qu'une condamnation ait été prononcée, il faut, encore, que cette condamnation reçoive son exécution.

Si la partie condamnée reconnaît ses torts, si elle ne se met pas, par son refus de les reconnaître, sous le coup de poursuites ultérieures, si, en un mot, elle s'exécute de bonne grâce, pas de difficultés. Mais, souvent, il sera loin d'en être ainsi et la partie condamnée, malgré l'autorité de la sentence, ne satisfera pas d'elle-même aux dispositions de cette sentence qui la condamne ; il sera nécessaire de recourir à une violence légale, mais cette violence s'exercera-t-elle comme en matière civile ?

Dans les tribunaux civils c'est de l'intitulé du jugement rendu au nom du chef de l'Etat, et aussi du *Mandons et Ordonnons* qui le termine que le jugement reçoit cette puissance exécutoire qui assure à la partie qui l'a obtenu le résultat qu'elle en attend.

En sera-t-il de même devant les Conseils de Préfecture ? Les décisions de ces tribunaux administratifs auront-elles besoin, pour être exécutées, d'être revêtues de ces mêmes formules.

D'éminents auteurs ont varié d'opinion sur cette question. Pour nous, en l'absence d'un texte de loi qui l'exige, et sans trouver cependant un grave inconvénient à ce que les arrêtés des Conseils de Préfecture soient revêtus de la formule exécutoire , nous pensons qu'il est préférable qu'ils n'aient ni intitulé, ni mandement.

Les membres des Conseils de Préfecture , en effet, ne sont point, comme ceux des tribunaux civils, des *délégués* du souverain pour rendre la justice ; la juridiction administrative n'est pas un démembrement de la juridiction ordinaire; c'est le souverain lui-même statuant, puisque le tribunal supérieur du Conseil de Préfecture est le Conseil d'Etat et que, en droit, ce n'est pas ce Conseil qui statue mais le Souverain lui-même. On ne comprendrait pas qu'une décision qui, sinon par le fait, du moins par le droit, émane du chef de l'Etat lui-même, eut besoin, pour être exécutée, d'un nouvel acte de la puissance souveraine.

Cette opinion est du reste conforme, sinon dans les motifs, du moins dans les conclusions, à un avis des Comités réunis de l'intérieur et du contentieux, du 5 février 1826, qui, par cette raison que la juridiction administrative exercée par les Conseils de Préfecture forme avec celle qui appartient aux cours et tribunaux deux ordres de juridiction essentiellement distincts par leur nature et leur objet, est d'avis qu'il y aurait inconvénient à assimiler les formules employées dans les décisions qui émanent de l'une ou de l'autre.

Les arrêtés des Conseils de Préfecture n'ont donc pas besoin d'être revêtus de la formule exécutoire pour que l'exécution en soit assurée ; il n'est pas nécessaire non plus qu'ils recourent au visa, ni au mandement des tribunaux, ni à l'intervention du Préfet.

Sous l'ancien droit, et, par suite de la réunion successive des différentes provinces qui formèrent la France, les réserves faites pour la plupart de leurs privilèges avaient amené des rivalités de juridiction. Un Parlement ne pouvait statuer d'une manière exécutoire que dans son ressort; il s'en suivait que, pour obtenir l'exécution d'un arrêt dans une autre province, il fallait un ordre du souverain ou un *pareatis* de l'autorité locale. Mais cette obligation, qui tenait à des rivalités de juridiction territoriale, est maintenant formellement abrogée, pour les tribunaux ordinaires, par l'article 547 du Code de procédure civile; elle ne doit point revivre pour les tribunaux administratifs.

Ces tribunaux, en effet, sont, aux termes de deux avis du Conseil d'Etat, du 25 thermidor an XII et 29 octobre 1811, dans les affaires de leur compétence et pour lesquelles ils ont reçu le droit de prononcer des condamnations, de véritables juges dont les actes doivent produire les mêmes effets et obtenir la même exécution que ceux des tribunaux civils ordinaires.

Les obliger de recourir à ceux-ci pour obtenir l'exécution d'une décision, serait violer le grand principe de la séparation des pouvoirs et troubler l'indépendance de l'autorité administrative, indépendance qui est d'ordre public et garantie par la constitution de l'Empire. La loi du 29 floréal an X, le décide expressément pour les arrêtés des Conseils de préfecture qui prononcent des condamnations en matière de grande voirie, et il n'existe pas de raisons pour qu'il n'en soit pas de même dans les autres matières de leur compétence.

Les arrêtés des Conseils de Préfecture sont donc

7

par eux-mêmes suffisants. Les condamnations prononcées emporteront hypothèque de la même manière et aux mêmes conditions que celles prononcées par l'autorité judiciaire. Toutefois la radiation non consentie des inscriptions qui auraient pu être prises en vertu des condamnations administratives, sera poursuivie devant les tribunaux ordinaires , conformément aux articles 2157 et 2159 du Code Napoléon, car il s'agit alors d'un objet purement civil, le fond du droit n'étant pas contesté. Si le fond du droit était discuté, les parties devraient être renvoyées devant le tribunal administratif, conformément aux dispositions de l'avis du Conseil d'Etat du 16 thermidor an XII, déjà cité plus haut.

L'intervention du Préfet n'est pas non plus nécessaire pour qu'un arrêté du Conseil de Préfecture puisse sortir son effet. Cette intervention qui constituerait un excès de pouvoir, est tout au moins inutile puisque les membres du Conseil de Préfecture ont l'autorité et l'indépendance de *juges*.

Mais *l'exécution* d'un arrêté du tribunal administratif peut trouver des obstacles. Quelle sera la juridiction qui connaîtra des difficultés nées à ce sujet ?

En thèse générale les Conseils de Préfecture étant des tribunaux d'exception ne peuvent connaître de l'exécution de leurs arrêtés. Si les difficultés qui naissent de cette exécution rentrent dans le droit commun, comme s'il s'agit d'une contrainte par corps, d'une saisie, il ne peut être statué que par les tribunaux ordinaires, et toutes les formes civiles qui servent de garanties aux parties, dans l'exécution des jugements, leur sont complétement réservées. Si donc des difficultés d'exécution se présentent postérieurement à l'arrêté rendu, alors que le Conseil de Préfecture est complétement dessaisi, et, comme nous venons de le dire, au sujet, par exemple, d'une contrainte par corps, d'une saisie ou d'une difficulté quelconque rentrant dans le droit ordinaire, les parties, dans un cas d'urgence, auront à se pourvoir en *référé* devant le juge civil conformément aux articles 807 et 808 du Code de procédure , puisque ces voies d'exécution sont de droit commun et n'ont point été réservées au tribunal administratif.

Mais si les difficultés soulevées , soit durant le cours de l'instance, soit sur l'exécution de la décision , étaient des difficultés purement administratives nées à l'occasion d'actes administratifs , comme il peut arriver, par exemple, en matière de travaux publics (1), les dispositions du Code de procédure que nous venons de citer seraient-elles encore applicables? Le juge civil pourrait-il intervenir et prescrire, comme juge du *référé*, les mesures propres à garantir le droit des justiciables? Nous ne le pensons pas : le juge civil du référé n'est compétent que pour statuer sur les affaires civiles et il s'agit ici d'affaires administratives. Or, en principe, les actes d'instruction doivent être prescrits par le juge auquel appartient la connaissance du fond et le juge civil n'a

____

(1) Conseil d'État, 15 mars 1855.

pas à connaître de fond du l'instance administrative (1).

Les articles 807 , 808 et 809 du Code de
procédure sont donc spécialement réservés à la
juridiction civile ; aucune loi, aucune disposition
réglementaire n'en a étendu les dispositions à la
juridiction administrative. Il s'en suit que celui qui
préside le Conseil de Préfecture , que ce soit le
Préfet, celui qui le remplace en cas d'absence, ou
le doyen des membres ne peut statuer *en référé* (2).

Quelle sera donc alors l'autorité administrative
compétente pour statuer d'urgence et provisoire-
ment sur les difficultés qui naîtront , soit dans
l'instruction d'une instance , soit lors de l'exécution de la décision du Conseil de Préfecture? la
juridiction administrative sera-t-elle dépouillée

---

(1) Cour Impériale de Paris, 23 avril 1849.
—   de Montpellier, 16 décembre 1856.
—   de Paris, 16 janvier 1858.
(2) Conseil d'État, 12 avril 1838.

entièrement de tout moyen de sauvegarder un intérêt qui aura besoin d'être défendu? Non pas. Mais ce n'est pas en appliquant, par analogie, les articles 808 et 809 à l'instance administrative que nous chercherons la solution du problème ; c'est dans les pouvoirs spéciaux du Préfet, c'est dans l'exercice de son autorité qu'on trouvera la garantie qui nous manque. C'est au Préfet qu'on s'adressera, non comme président du Conseil de Préfecture, mais comme délégué du pouvoir gouvernemental, et, c'est de lui qu'on sollicitera les mesures provisoires réclamées en attendant que la juridiction compétente ait pu statuer sur les difficultés soulevées par l'exécution de l'arrêté intervenu.

CHAPITRE SEPTIÈME.

Des différentes espèces d'arrêtés.

Nous avons, jusqu'ici, supposé une instruction simple et dégagée de toute entrave, conduisant directement et sans incidents, à la décision du tribunal administratif ; nous avons indiqué les règles relatives à cette instruction et nous avons fait connaître comment, lorsqu'elle était terminée, devait être formulée, rédigée, signifiée et exécutée la décision.

Mais l'arrêté n'est pas toujours rendu dans ces conditions ; il ne met pas toujours un terme à la contestation ; en d'autres termes il n'est pas toujours *définitif*. L'affaire qui le motive peut être compliquée d'accidents nombreux qui nécessitent des actes particuliers d'instruction et pour l'exécution desquels des décisions spéciales devront être prises.

Ces décisions spéciales, qui ne mettent pas fin à la contestation, mais qui en préparent la solution, s'appellent arrêtés *avant dire droit*.

Les arrêtés *avant dire droit*, ainsi nommés, comme nous venons de le dire, par opposition aux arrêtés *définitifs*, qui mettent fin à la contestation dans les limites des attributions juridiques du tribunal administratif, renferment eux-mêmes deux classes d'arrêtés distincts : les arrêtés *préparatoires* et les arrêtés *interlocutoires*.

Les arrêtés *préparatoires* sont ceux par lesquels le Conseil ordonne certaines mesures destinées à accélérer l'instruction et la décision de l'affaire, sans pourtant en rien préjuger le fond. C'est par un arrêté de ce genre qu'on ordonne une expertise, une enquête, une communication de pièces, une comparution de parties ; tous actes d'instruction qui doivent servir à éclairer le juge sans en préjuger la décision (1).

Les arrêtés *interlocutoires*, au contraire, bien

----

(1) Conseil d'État, 18 août 1856.

qu'ordonnant simplement des actes d'instruction, peuvent faire préjuger quel sera la décision du Conseil, par exemple quand ils ordonnent qu'un serment sera prêté.

Dans les actes d'instruction, qui ont motivé ces arrêtés, que ceux-ci soient *avant dire droit* ou *définitifs*, les parties peuvent avoir été en présence l'une de l'autre et avoir fourni chacune leurs défenses, ou l'une d'elles peut s'être abstenue, et n'avoir pas répondu à l'adversaire.

De là deux espèces nouvelles d'arrêtés : *contradictoires* dans le premier cas ; *par défaut*, dans le second.

Il est utile d'en bien spécifier les caractères et d'établir entre ces deux espèces une distinction d'autant plus importante à signaler que, ainsi que nous le verrons plus bas, les voies de recours sont différentes suivant qu'il s'agit d'un arrêté *contradictoire* ou d'un arrêté *par défaut*. L'organisation spéciale des Conseils de Préfecture où le ministère d'avoué n'est pas admis, ne permet guère, du reste, d'appliquer à cette matière et, sans distinction, toutes les règles de la procédure ordinaire. Ce ne sera donc pas seulement dans l'analogie avec les matières civiles, mais encore dans la jurisprudence du Conseil d'Etat que nous rencontrerons les caractères distinctifs qui nous aideront à distinguer un arrêté *contradictoire* d'un arrêté *par défaut*.

De l'examen de cette jurisprudence nous pouvons tirer ce principe général qu'on doit considérer comme *contradictoire* tout arrêté qui vise les requêtes et les défenses respectives des parties produites devant le Conseil de Préfecture (1); alors même qu'on se bornerait à conclure à l'incompétence du tribunal administratif (2), soit que ces défenses ou observations aient été adressées directement au Conseil, soit qu'elles l'aient été au Préfet d'abord puis transmises au Conseil par ce magistrat, pour être jointes au dossier (3), pourvu,

-----

(1) Conseil d'Etat, 27 août 1854.

(2) Conseil d'Etat, 26 août 1842.

(3) Conseil d'Etat, 4 avril 1837.

dans ce dernier cas, qu'elles n'aient point été reçues par le Préfet avant l'instance engagée (1).

Est également *contradictoire* à l'égard d'une partie l'arrêté pris sur le vu d'une requête par elle formulée et du procès-verbal d'une expertise à laquelle cette partie a été régulièrement représentée, sans qu'il soit besoin qu'elle ait été autrement entendue (2) ni qu'elle ait produit d'observations nouvelles postérieurement à cette expertise (3). Dans le cas, cependant, où cette partie n'aurait été ni présente, ni régulièrement appelée ou représentée à l'expertise, la communication du procès-verbal de cette opération serait nécessaire pour rendre contradictoire l'arrêté à intervenir (4).

Le Conseil d'Etat a également admis comme contradictoire un arrêté qui visait la copie d'un exploit intervenu avant que le Conseil de Préfec-

(1) Conseil d'Etat, 29 janvier 1829.
(2) Conseil d'Etat, 5 avril 1851.
(3) Conseil d'Etat, 20 juillet 1851
(4) Conseil d'Etat, 18 janvier 1851.

ture fut saisi de l'instance et par lequel un propriétaire sommé de démolir une construction faite sur un terrain militaire notifiait au Préfet son refus de démolir et déduisait les motifs de son refus (1).

Tels sont les principaux caractères auxquels on peut reconnaître un arrêté contradictoire. Les décisions qui ne les présenteraient pas, celles surtout qui seraient rendues sans que le défendeur se soit défendu ou sans qu'il ait été mis en demeure de le faire, ou sans qu'il l'ait été par une personne ayant qualité pour le faire, doivent être considérées comme prises, par défaut, à son égard (2).

---

(1) Conseil d'Etat, 1er mars 1841.
(2) Conseil d'Etat, 1er décembre 1853.
    Idem,   18 janvier 1855.

CHAPITRE HUITIÈME.

Des voies ordinaires de recours contre les arrêtés des Conseils de Préfecture.

§ 1.

Du pourvoi au Conseil d'État contre les arrêtés contradictoires.

Les arrêtés contradictoires rendus par les Conseils de Préfecture, lorsqu'ils sont définitifs, c'est-à-dire lorsqu'ils mettent fin à la contestation, peuvent être déférés au Conseil d'État par l'une des parties et réformés soit pour vice de forme, soit pour mal jugé, soit pour incompétence.

Nous ne nous appesantirons pas sur les formalités du pourvoi. Aucune, en effet, ne se passe devant le Conseil de Préfecture. Son arrêté contradictoire une fois rendu, il n'a plus à s'occuper de ce qu'il devient, c'est devant une autre juridiction que s'engage le débat, et il ne rentre pas dans le cadre de ce travail de traiter des formes de procéder devant le tribunal d'appel, c'est-à-dire le Conseil d'État.

Ce n'est donc que pour mémoire que nous indiquerons, ici, les principales formalités à remplir pour introduire un pourvoi, et que nous les ferons connaître brièvement.

Le délai du recours est fixé à trois mois, à partir du jour de la notification de l'arrêté, à peine de déchéance, et ce délai est augmenté à raison des distances, conformément aux dispositions de l'art. 73 du Code de procédure (1). Il court contre les personnes morales (État, départements, communes, établissements publics) aussi bien que contre les particuliers (2).

Quant à la forme d'introduction du pourvoi, elle exige une requête déposée au secrétariat du

---

(1) Conseil d'État, 29 mars 1855.

(2) Conseil d'État, 22 juin 1843.

Idem   29 juin 1844.

Conseil d'État et le ministère d'un avocat. Le règlement du 22 juillet 1806 a , du reste , spécialement réglé toutes les formes de procédure devant le Conseil d'État. Nous ne pouvons donc que renvoyer à ce règelment pour les difficultés que pourrait soulever cette matière.

Ajoutons, cependant, que ce ne sont pas seulement les arrêtés contradictoires définitifs qui peuvent être l'objet d'un recours, mais encore les arrêtés interlocutoires qui préjugent le fond de la question, et que l'on peut se pourvoir contre eux dans les trois mois de la signification (1) de cet arrêté interlocutoire, à moins, toutefois, que cet arrêté interlocutoire n'ait été exécuté, car l'exécution équivaudrait alors à un acquiescement et rendrait la partie non recevable à se pourvoir (2).

Quant aux arrêtés simplement préparatoires, et qui ne font qu'ordonner des actes d'instruction tels que des apports de pièces (3), des enquêtes,

---

(1) Conseil d'État, 1er février 1844.
(2) Conseil d'État, 4 décembre 1856.
(3) Conseil d'État, 22 février 1825.
    Idem.   19 juin 1850.

des expertises (1), ils ne peuvent, par analogie avec les principes émis dans l'article 451 du Code de procédure, être l'objet d'un recours tant que la décision définitive n'est pas intervenue (2).

§ II.

De l'opposition aux arrêtés par défaut.

L'opposition aux arrêtés par défaut rendus par les Conseils de Préfecture étant portée, non devant le Conseil d'État, comme le recours contre les arrêtés contradictoires, mais devant le même Conseil de Préfecture qui a rendu la décision (3), il y a lieu d'examiner les formes de procéder en cette matière.

L'opposition est une faculté donnée au défendeur de se représenter devant le tribunal devant lequel il n'a pas fourni de défense et qui a pro-

---

(1) Conseil d'État, 19 juillet 1833.
  Idem. 23 mars 1834.
(2) Conseil d'État, 17 décembre 1857.
(3) Conseil d'État, 8 mars 1847.

noncé une condamnation contre lui, afin d'empêcher le préjudice que peut lui causer cette condamnation qu'il eût, peut-être, évitée, s'il eût
défendu à l'instance.

L'opposition devant le tribunal administratif
n'est accordée qu'au défendeur (1). Le demandeur
ne peut jamais l'invoquer, au contraire de ce qui
se passse devant les tribunaux civils où l'absence
de l'avoué constitué par le demandeur est pour
celui-ci une cause suffisante d'opposition. Cette
impossibilité pour le demandeur d'être jugé par
défaut, tient aux différences fondamentales qui
séparent les deux juridictions. Devant les Conseils
de Préfecture, en effet, la loi n'exige pas les conclusions d'un avoué ; la partie comparaît seule ;
elle ouvre elle-même l'action par une requête, et
dès lors, quand bien même elle se tairait plus tard ;
sa première demande suffirait pour rendre l'arrêté
contradictoire envers elle.

La loi qui a fixé le délai dans lequel l'opposition

------

(1) Conseil d'Etat, 27 août 1841.

doit être soulevée devant le Conseil d'Etat, ne l'a point fait pour le Conseil de Préfecture, et, dans ce silence, la jurisprudence n'a pas voulu étendre les dispositions de l'article 29 du règlement de 1806 à l'opposition devant le Conseil de Préfecture. Par analogie avec les principes du droit commun (article 158 du Code de procédure civile), elle a toujours décidé (1) que cette opposition serait, nonobstant toute signification (2), recevable jusqu'à l'exécution soit forcée, soit volontaire, car cette exécution supposant la volonté d'acquiescer, l'arrêté prendrait alors force de chose jugée et ne serait plus susceptible d'opposition.

Tous les arrêtés par défaut sont susceptibles d'opposition ; c'est même la seule voie de recours qu'on puisse diriger contre eux (3), à moins toutefois :

---

(1) Conseil d'Etat, 14 décembre 1837.
    Idem.   13 avril 1812.
(2) Conseil d'Etat, 27 mai 1848.
(3) Conseil d'Etat, 26 mars 1850.

1° Que l'opposition ne soit dirigée contre un arrêté par défaut qui, lui-même, a été rendu sur une première opposition à un arrêté par défaut(1). Dans ce cas, en effet, le dernier arrêté n'est réellement pas par défaut, mais bien contradictoire. La partie demanderesse, dans le premier arrêté, devient défenderesse dans le second et réciproquement; la première opposition est donc une véritable requête introductive d'instance de la part du premier défendeur; les deux parties ont dès lors fourni leurs demandes et le deuxième arrêté est tellement un arrêté contradictoire qu'il ne peut être réformé que par la voie du recours au Conseil d'Etat;

2° Que l'arrêté par défaut n'ait reçu exécution, soit volontaire, soit forcée (2).

3° Qu'il n'y ait eu un acquiescement soit exprès, soit tacite : l'un et l'autre produisant les mêmes effets que l'exécution volontaire (3).

---

(1) Conseil d'Etat, 27 août 1817.
(2) Conseil d'Etat, 26 novembre 1857.
(3) Conseil d'Etat, 11 juillet 1827.
        Idem   16 juin 1829.

4⁰ Que l'opposition ne soit point justifiée, c'est-à-dire que l'opposant se borne à se porter opposant sans produire ses moyens soit dans l'acte même d'opposition, soit postérieurement, surtout s'il a été mis en demeure de le faire (1).

Les formes de l'acte d'opposition sont les mêmes que celles indiquées pour l'acte introductif d'instance, mais il doit surtout contenir les motifs sur lesquels on entend fonder l'opposition. Il ne suffit donc pas que l'opposant se borne à se porter opposant, il faut encore qu'il produise ses moyens de défense, sinon dans l'acte même d'opposition, du moins postérieurement et dans le délai qui lui a été laissé, s'il y a lieu, par le Conseil de Préfecture, à peine d'être déclaré non recevable (2).

Quant à ses effets, si le décret du 22 juillet 1806, (art. 29), décide formellement que l'oppo

---

(1) Conseil d'Etat, 23 novembre 1854.
(3) Conseil d'Etat, 21 novembre 1839.
    Idem   23 novembre 1854.

sition aux arrêts du Conseil d'Etat, rendus par défaut, n'aura pas d'effet suspensif, à moins qu'il n'en soit autrement ordonné, aucun texte n'applique cette disposition à l'opposition faite à un arrêté par défaut rendu par un Conseil de Préfecture. La solution ne nous semble cependant pas douteuse : l'opposition aux arrêtés par défaut des Conseils de Préfecture n'aura pas non plus d'effet suspensif par le même motif qui l'a fait décider ainsi pour l'opposition aux arrêts du Conseil d'Etat rendus par défaut. Il est, en effet, pour les matières administratives, aussi bien devant le premier degré de juridiction que devant la juridiction souveraine, une présomption légale qu'elles exigent urgence et célérité. Contrairement donc à ce qui se pratique pour les matières civiles (art. 155, code de procédure) où l'exécution provisoire des jugements n'est que l'exception, cette exécution est de règle en matière contentieuse administrative et l'opposition à un arrêté par défaut rendu par un Conseil de Préfecture sera non suspensif d'exécution.

Cette règle générale peut et doit même, dans la pratique, subir des exceptions. Lorsqu'il n'y a pas urgence il peut-être utile dans de certaines circonstances de ne pas faire exécuter immédiatement des arrêtés qui pourraient, plus tard, être réformés soit par le tribunal administratif lui-même, dans le cas d'opposition à un arrêté par défaut, soit par le Conseil d'Etat, dans le cas de pourvoi contre un arrêté définif. Aussi, bien que l'autorisation du Préfet ne soit pas nécessaire pour l'exécution des arrêtés du Conseil de Préfecture qui ont par eux-mêmes la force exécutoire, ce magistrat, à moins qu'on ne se trouve dans des conditions exceptionnelles, peut toujours suspendre l'exécution du jugement administratif jusqu'à ce que ce jugement ne soit plus susceptible d'opposition ou de recours.

CHAPITRE NEUVIEME.

Des voies extraordinaires pour attaquer les arrêtés des Conseils de Préfecture.

§ Ier

De la tierce-opposition.

La *tierce-opposition* est un moyen donné à celui qui n'a pas figuré dans une instance de faire réformer, au moins en partie, et, à certains égards, la décision intervenue qui lui porte préjudice.

Le Conseil d'Etat, par de nombreux arrêts admet cette voie d'opposition devant les Conseils de Préfecture (1).

Par analogie avec le principe posé dans l'article 475 du Code de procédure civile, c'est devant le

______

(1) Conseil d'Etat, 8 janvier 1836.
Idem.   21 avril 1837.

Conseil de préfecture, qui a rendu l'arrêté auquel il est formé tierce opposition, que cette opposition doit être portée et non devant le Conseil d'Etat (1), et cette compétence est d'autant plus rationnelle que puisqu'il s'agit d'examiner le sens précis d'un arrêté et de réparer le préjudice qu'il peut causer, il est naturel que cette appréciation soit laissée au tribunal dont émane l'arrêté, et qui, pour cette raison même, sera plus apte à vérifier la portée de sa décision et à prévenir le dommage qu'elle peut causer.

Aucune forme spéciale n'ayant été indiquée pour la tierce opposition, les règles que nous avons formulées pour l'introduction des instances lui sont également applicables.

Pour qu'elle soit recevable, la tierce opposition doit être proposée par un tiers qui, soit par lui-même, soit par un mandataire, n'ait point été partie dans l'instance. S'il en était autrement, la décision ne serait plus par défaut à son égard,

____

(1) Conseil d'Etat, 8 janvier 1836.

mais bien contradictoire, et ce serait, dès lors, la voie du recours au Conseil d'Etat, qui devrait être employée pour obtenir la réformation de l'arrêté attaqué.

C'est par suite de ce principe que le Conseil d'Etat a jugé, plusieurs fois, que la tierce opposition ne pouvait être soulevée par des héritiers contre des arrêtés rendus avec leur auteur (1). Les héritiers, en effet, continuant la personne de leur auteur, l'arrêté n'était pas par défaut vis-à-vis d'eux, il était contradictoire.

Mais le tiers-opposant qui, partie dans la cause, n'y a, cependant, été représenté que par une personne qui n'avait pas qualité pour le faire, peut néanmoins former tierce-opposition à l'arrêté intervenu. C'est ce qu'a décidé le Conseil d'Etat au sujet de la tierce-opposition soulevée par une commune qui avait été représentée dans l'instance

----

(1) Conseil d'Etat, 19 avril 1817.

Idem,   3 décembre 1828.

par le Préfet, au lieu de l'être par son maire (1).

Il ne suffit pas de n'avoir point figuré dans le débat, il faut encore, avons-nous dit, que le tiers-opposant ait intérêt à attaquer la décision prise, c'est-à-dire que cette décision préjudicie à ses intérêts (2). Aussi, la tierce-opposition ne serait pas recevable, formulée par un tiers dont les droits auraient été réservés (3) ou qui aurait acquiescé, soit expressément, soit tacitement, à l'arrêté par lequel il se prétend blessé (4).

Quant aux délais dans lesquels la tierce-opposition doit être formulée devant le Conseil de Préfecture, la nature même de cette voie de recours exige qu'ils soient plus étendus que ceux de l'opposition simple. Il nous paraît juste de leur

---

(1) Conseil d'Etat, 19 décembre 1821.

    Idem.   18 janvier 1855.

(2) Conseil d'Etat, 6 août 1839.

(3) Conseil d'Etat, 14 novembre 1821.

(4) Conseil d'Etat, 4 novembre 1835.

appliquer, dès lors, les dispositions que la jurisprudence du Conseil d'Etat a admises à cet égard
et de décider que la déchéance du droit de former
tierce-opposition sera applicable après trois mois
écoulés depuis la signification régulière ou l'exécution de l'arrêté (1). Il serait injuste, en effet,
de soumettre à une déchéance qu'il ne pourrait
prévenir un tiers-opposant qui, n'ayant pas pris
part à l'instance, peut réellement n'avoir eu
connaissance de la décision intervenue dans une
instance que par l'exécution de cette même décision.

Mais la tierce-opposition ainsi formée devant
un Conseil de Préfecture peut occasionner à l'une
des parties des dommages dont il est juste qu'elle
obtienne la réparation, si le tiers-opposant voit
sa demande rejetée ; ces dommages seront-ils
appréciés par le tribunal administratif et mis, par
lui, à la charge de la partie dont la tierce-opposition aura été déclarée non-recevable ?

_____

(1) Conseil d'Etat, 31 janvier 1817.

Ce principe, admis en droit civil (art 479 du code de procédure), est consacré devant le Conseil d'Etat par l'art. 38 du règlement du 22 janvier 1806. Le Conseil de Préfecture jouit-il de la même faculté? Sans nul doute. La demande de dommages-intérêts ne doit pas être séparée de la question même soumise à l'appréciation du tribunal administratif; elle ne forme pas un litige spécial, purement civil; elle est l'accessoire même de la demande soumise au Conseil, et si le Conseil est compétent pour statuer sur l'objet du litige, il le sera certainement pour statuer sur la question de dommages-intérêts, qui est intimement unie avec la question principale, dont elle est l'accessoire.

Il n'en serait pas de même de l'amende de 150 fr. que le Conseil d'Etat peut infliger à celui dont la tierce-opposition est rejetée et qui est considérée comme la sanction par laquelle on punit le plaideur téméraire qui, mal à propos, intente une action dans laquelle il succombe. Le Conseil de Préfecture ne pourrait l'appliquer.

Les dispositions pénales sont, en effet, de droit étroit; le pouvoir de les appliquer doit lui avoir été spécialement donné, pour qu'un tribunal puisse le faire sans commettre un excès de pouvoir.

§ II.

De la Requête civile.

La requête civile est une voie extraordinaire ouverte aux parties elles-mêmes pour faire rétracter, par le tribunal qui l'a rendue, une décision contradictoire rendue en dernier ressort, ou une décision par défaut, aussi rendue en dernier ressort et qui n'est plus susceptible d'opposition.

Le but de la requête civile étant donc de faire rétracter une décision prise en dernier ressort, cette voie de recours ne pourra jamais être admise devant les Conseils de Préfecture qui, en aucun cas, ne décident en dernier ressort.

La jurisprudence du Conseil d'Etat est parfaitement d'accord avec ce principe (1).

§ III.

De la Prise à partie

La loi qui a fixé, en matière judiciaire, dans les articles 505 à 516 du Code de procédure civile, la procédure spéciale à la prise à partie des juges civils a gardé le silence sur la possibilité d'appliquer ces dispositions aux juges administratifs de premier degré. Nous dirons donc, qu'en l'état, cette voie de recours n'est pas admissible devant les Conseils de Préfecture.

Il ne s'en suivra pas cependant que les parties seront privées de tout moyen d'arriver à obtenir justice devant les tribunaux administratifs, et si la prise à partie leur est refusée, ils trouveront dans les articles 4 du Code Napoléon et 185 du Code pénal, une garantie contre tout déni de

Conseil d'Etat, 24 octobre 1827.

justice. Ces articles portent, en effet, que tout juge ou tribunal, tout administrateur ou autorité administrative, qui, sous quelque prétexte que ce soit, même du silence ou de l'obscurité de la loi, aura omis de rendre la justice qu'il doit aux parties après en avoir été requis et qui aura persévéré dans son déni après avertissement ou injonction de ses supérieurs, pourra être poursuivi.

Ces dispositions sont applicables aux membres des Conseils de Préfecture qui pourront dès lors être poursuivis, soit criminellement, soit civilement, en dommages-intérêts, sans qu'on ait besoin de recourir aux dispositions de la prise à partie.

CHAPITRE DIXIÈME.

Interprétation et rectification des arrêtés des Conseils de Préfecture.

Nous avons vu quelles sont les voies, tant ordinaires qu'extraordinaires, laissées aux parties pour obtenir la réformation des arrêtés rendus ʀ ∴ le Conseil de Préfecture.

Nous avons vu que les décisions du tribunal administratif du premier degré ne pouvaient être réformées par ce tribunal lui-même que par la voie de l'opposition simple ou tierce. Dans les autres cas, en effet, l'arrêté étant définitif, le pouvoir du juge est épuisé, son jugement ne lui appartient plus, et il ne peut statuer, de nouveau, sur la même affaire, sans commettre un excès de pouvoir (1).

(1) Conseil d'Etat, 9 août 1851.
    Idem.   20 janvier 1853.
    Idem.   22 mars 1855.

Le tribunal administratif peut encore, cependant, avoir à s'occuper d'un arrêté par lui rendu, quand on lui en demande la rectification ou l'interprétation.

La jurisprudence du Conseil d'Etat reconnaît, en effet, au Conseil de Préfecture la faculté d'interpréter sa décision si les parties sont en désaccord sur le sens ou la portée qu'elle présente (1), et cette interprétation n'est pas un excès de pouvoir, puisqu'elle ne permet pas de revenir sur la décision rendue et qu'elle ne fait, au contraire, qu'en permettre l'exécution par l'indication plus claire du sens qu'elle présente. Le Conseil de Préfecture aurait encore un pouvoir égal, s'il s'agissait d'une erreur de chiffre, de date, de nom, pourvu toutefois aussi que cette rectification ne portât point préjudice à la chose jugée (2), en amenant une décision contraire à celle qui aurait été prise.

---

(1) Conseil d'Etat, 10 août 1825.
     Idem.   23 juillet 1823.
(2) Conseil d'Etat, 11 août 1841.

LIVRE DEUXIÈME.

PROCÉDURE INCIDENTE.

CHAPITRE PREMIER.

Des Exceptions.

On range sous le nom général d'*incidents* des faits qui peuvent se présenter dans le courant d'une instance et qui, bien que parfaitement distincts les uns des autres et sans aucun rapport quant à leur nature, ont, cependant, un résultat commun, celui d'entraver ou d'interrompre la marche de la procédure, jusqu'à ce qu'il ait été statué sur leur bien ou mal fondé.

Nous passerons successivement en revue les différents faits qui peuvent incidenter la procédure devant le tribunal administratif du premier degré. Nous nous occuperons, d'abord, de ceux que le Code de procédure civile range sous le titre *d'exceptions*, c'est-à-dire de ces sortes de défenses qui, bien différentes des défenses proprement dites, ne tendent pas à nier les prétentions d'une partie, mais, seulement, à en retarder l'examen.

---

§ I.

De la caution à fournir par les étrangers.

La première des exceptions dont s'occupe le Code de procédure civile est celle qui se rapporte à la faculté accordée au défendeur d'exiger une caution de la part du demandeur s'il est étranger. Cette faculté lui est réservée devant le tribunal administratif aussi bien que devant le tribunal civil. La qualité d'étranger n'est pas, en effet, une cause d'exclusion devant la juridiction administrative et il est juste, dès lors, que l'exercice de ce droit soit subordonné à la condition de fournir, si le défendeur le requiert , la caution *judicatum solvi.*

Cette faculté accordée à l'étranger de prendre part à une action ouverte devant un Conseil de Préfecture, à la condition qu'il s'engagera à payer les frais résultant du procès auxquels il pourrait être condamné, condition dont on comprend facilement la raison d'être et qui est plutôt une garantie, une précaution prise contre lui, qu'une faveur introduite au profit du français défendeur, puisque ce droit d'exiger une caution est tout-à-fait distinct du mérite de la demande, qui n'est, par là, aucunement préjugé, cette faculté, selon nous, résulte évidemment des dispositions du décret du 7 février 1819, qui porte que les jugements rendus au profit des étrangers qui auraient obtenu des adjudications dans les matières sujettes, d'après le décret réglementaire du 22 janvier 1806 sur les affaires contentieuses portées au Conseil d'Etat, au recours devant ce Conseil, ne peuvent être exécutés pendant le délai durant lequel ce recours peut être exercé ,

qu'autant que l'étranger aura préalablement fourni, en France, une caution connue et solvable (1).

---

§ II.

Exception d'incompétence.

Une partie assignée devant un Conseil de Préfecture incompétent a le droit d'opposer l'exception d'incompétence et cette incompétence du
tribunal administratif peut être, comme dans les
matières civiles, de deux espèces.

Nous distinguerons, donc, devant les Conseils
de Préfecture comme devant les tribunaux civils,
l'incompétence *ratione personæ* de l'incompétence
ratione materiæ.

Ce tribunal sera incompétent, à raison de la
matière, quand il sera appelé à statuer sur un

---

(1) Conseil d'Etat, 26 août 1824.

Sont dispensés de fournir la caution, *judicatum solvi*, les
étrangers qui appartiennent à une nation avec laquelle une
convention diplomatique est intervenue à ce sujet. (Traités du
24 mars 1760 avec la Sardaigne — des 30 mai 1827 et 18 juillet 1828 avec la Suisse.)

objet dont la connaissance ne lui appartient pas, mais est réservée à une autre juridiction. Le Conseil ne pourrait alors, sans exercer des fonctions qui lui sont interdites, connaître de l'affaire et faire droit aux parties ; par exemple, s'il s'occupait de questions d'état , de propriété , de servitudes.

Quant à l'incompétence à raison de la personne, elle ne résulte pas d'un déplacement de juridiction. Le Conseil a bien mission générale de connaître d'affaires de la nature de celle qui lui est soumise, mais il n'a pas qualité pour connaître du procès actuel , à raison par exemple de la situation de l'objet cause du litige , car sa compétence est circonscrite par les limites du territoire du département dans lequel il siège.

La juridiction d'un Conseil de Préfecture est toute territoriale ; sa compétence ne varie pas comme celle des tribunaux civils, selon qu'il s'agit d'actions personnelles, réelles ou mixtes. Le demandeur, dans une action administrative de la compétence du Conseil de Préfecture, ne peut, à son choix, comme dans les actions civiles personnelles, assigner le défendeur, soit devant le Conseil du département où celui-ci a son domicile ou sa résidence, soit devant celui du domicile de l'un des défendeurs, s'ils sont plusieurs. Il ne peut non plus, comme dans les actions mixtes, assigner valablement devant le juge de la situation ou devant le juge du domicile du défendeur, et cela parcequ'il n'y a vraiment point devant les Conseils de Préfecture d'autres actions que des actions réelles. Toute action intentée devant le tribunal administratif ne peut naître qu'à l'occasion d'un *fait*, d'un *acte* administratif; elle a, dès lors, un caractère de réalité qui ne permet pas la concurrence de deux tribunaux, et celui dans le département duquel se seront passés les actes qui donnent naissance à la réclamation sera nécessairement le seul compétent pour connaître de la demande (1), de telle sorte que si un

______

(1) Ainsi l'action en garantie formée par une commune contre un entrepreneur de travaux communaux, ne peut se porter

autre Conseil est saisi de la même demande, l'exception d'incompétence *ratione personæ* pourra être soulevée.

Mais il peut arriver que les actes qui donnent naissance à l'instance, se passent dans plusieurs départements. La loi, dans ce cas, pour éviter toute difficulté, prend soin de faire attribution de juridiction en faveur de l'un des tribunaux administratifs intéressés. C'est ainsi que les cahiers de charges annexés aux lois portant concession de chemins de fer traversant plusieurs départements, désignent spécialement le Conseil de Préfecture chargé de statuer sur les infractions commises aux conditions indiquées par ces mêmes cahiers de charges.

Les différences de nature ainsi posées entre

devant le Conseil de Préfecture du département où cet entrepreneur a son domicile ou sa résidence; elle doit l'être devant le Conseil de Préfecture du département dans lequel ont été exécutés les travaux. C'est cependant une véritable action personnelle, mais qui, devant le Conseil de Préfecture, est traitée comme une action réelle.

les deux espèces d'incompétence, voyons les différents résultats qu'elles amènent.

L'incompétence *ratione materiæ* ne tenant pas à un simple intérêt privé, mais se rattachant directement, par sa nature, à l'ordre public qui ne permet pas de changer l'ordre des juridictions et de porter certaines affaires devant un tribunal qui n'a pas reçu de la loi mission d'en connaître, pourra être proposée en tout état de cause, c'est-à-dire non-seulement dès le début du procès, mais encore pendant tout le cours de l'instance, par l'une ou l'autre des parties, car la volonté de l'une ou de l'autre de celles-ci ne peut donner au tribunal saisi une compétence que la loi lui refuse (1). Bien plus, quand le Conseil sera incompétent à raison de la matière, il devra, aussitôt qu'il reconnaîtra que l'affaire n'est pas dans ses attributions, s'en dessaisir d'office et déclarer son incompétence, laissant aux parties à voir quel est le juge compétent devant lequel elles auront à se présenter.

---

(1) Conseil d'État, 15 juin 1825.

En est-il de même de l'incompétence *ratione persona?* Peut-elle, comme la précédente, être soulevée, en tout état de cause, par l'une ou par l'autre des parties, et même déclarée d'office par le Conseil ? Non. Cette incompétence est, comme nous l'avons déjà dit, purement d'intérêt privé, elle est étrangère à la nature des juridictions, elle est moins d'ordre public, et doit, par suite, être plus facilement couverte que la première. Aussi ne pourra-t-elle être soulevée que par le défendeur, avant tout débat, *in limine litis*, c'est-à-dire non-seulement préalablement à toute défense au fond, à tout débat sur le droit du demandeur, mais encore préalablement à toute autre exception ; car si le défendeur plaide au fond, il doit être considéré comme renonçant, tacitement, à un bénéfice purement d'intérêt privé et par cela même comme non recevable à l'invoquer ; il attribue au Conseil compétence pour connaître de l'affaire, et, cette attribution une fois faite, il ne peut plus la décliner. C'est par le même motif que le demandeur ne serait point reçu à invoquer l'incompétence *ratione personœ*, car, en assignant devant un Conseil incompétent, quant à la juridiction territoriale, il couvre, par cela même, cette incompétence et renonce indirectement à l'invoquer.

Au contraire de l'incompétence *ratione materiœ*, qui doit être prononcée d'office par le Conseil de Préfecture, dans le silence même des parties, puisqu'elle touche à l'ordre des juridictions et que les juridictions sont d'ordre public, l'incompétence *ratione personœ* peut ne pas obliger le tribunal administratif valablement saisi par l'accord des parties à se dessaisir. Il n'en faut pas conclure, cependant, que le Conseil, s'il le juge convenable, ne puisse, dans ce cas, déclarer son incompétence. Le Conseil a évidemment ce droit ; il doit même l'exercer, selon nous, car il n'est pas naturel qu'un tribunal retienne la connaissance d'un débat existant entre parties qui ne sont pas ses justiciables ou sur un objet qui n'est pas dans sa juridiction territoriale.

Toutes les règles que nous venons d'indiquer

sont spécialement tracées par les articles 168, 169, 170 du Code de procédure civile. L'analogie doit les faire admettre, sans conteste, devant les Conseils de Préfecture.

---

§ III.

Exceptions de litispendance et de connexité.

La litispendance peut être soulevée devant un tribunal civil si l'affaire est déjà pendante devant un autre tribunal, pour le même objet et entre les mêmes parties. La nécessité de prévenir l'opposition de deux décisions dont l'exécution simultanée serait impossible, fait accorder au défendeur assigné une seconde fois, pour le même objet et par la même partie, devant un autre tribunal, le droit d'obtenir son renvoi devant le tribunal déjà saisi.

Il en est de même pour la connexité, qui se distingue de la litispendance en ce que s'il y a identité de parties devant un même tribunal, il n'y a pas cependant identité dans l'objet de la demande. L'objet de chacune des deux est différent, mais celles-ci ont, cependant, entre elles des rapports si étroits qu'il est indispensable de les réunir pour les débattre devant le même juge, afin d'éviter également les difficultés d'exécution qui pourraient se rencontrer si deux sentences différentes venaient à être rendues.

Les règles relatives à ces deux exceptions et que le Code de procédure civile a établies dans les articles 171 et 172, ne paraissent pas applicables en matière contentieuse administrative, car les exceptions de litispendance et de connexité ne semblent pas pouvoir être soulevées devant les Conseils de Préfecture.

Une condition essentielle, en effet, pour établir la litispendance et la connexité est le concours de compétence entre les deux tribunaux saisis, car si l'un d'eux n'était pas compétent il n'y aurait à soulever que l'exception d'incompétence ; on n'aurait pas besoin de recourir à d'autres moyens. Mais cette condition essentielle, cette communauté de compétence, pourra-t-elle jamais se rencontrer, en même temps, devant deux Conseils de Préfecture. Ces tribunaux administratifs pourront-ils se trouver compétents pour connaître d'une même affaire ? Nous ne le pensons pas, par la raison que la compétence du Conseil de Préfecture est, ainsi que nous l'avons déjà dit (p. 136), limitée au territoire du departement dans lequel il siége.

Il en est de la connexité comme de la litispendance. Deux actions ne pourront jamais être véritablement connexes devant deux Conseils de Préfecture différents, ou bien alors, comme dans la litispendance, l'un des deux Conseils sera incompétent.

Si cependant, devant le même tribunal administratif, il était présenté des requêtes tendant à faire résoudre des questions de même nature, le Conseil saisi pourrait joindre les affaires soit d'office, soit que la jonction eut été demandée, et statuer par un seul et même arrêté (1). Mais il

____

(1) Conseil d'Etat, 11 janvier 1838.

est bien à remarquer que ce n'est plus alors la connexité dont il est question aux articles 171 et 172 du Code de procédure civile, où deux tribunaux différents sont saisis d'affaires ayant entre elles des rapports étroits.

§ IV.

Nullités.

Nous avons déjà dit que les textes qui avaient institué le tribunal administratif de premier degré et indiqué les matières dont il aurait à s'occuper l'avaient, pour la plupart d'entr'elles, abandonné à lui-même dans l'instruction des affaires qui lui étaient soumises et n'avaient formulé aucune règle de procédure qui lui fût propre. Nous avons dit aussi que l'on devait considérer les Conseils de Préfecture comme de véritables tribunaux et rappelant les paroles de l'orateur du Gouvernement dans l'exposé des motifs de la loi du 28 pluviose an VIII, nous en avons conclu que les formes substantielles de la procédure civile ordinaire

devaient être suivies devant le tribunal administratif autant, toutefois, que le pouvaient permettre l'urgence, la simplicité, l'économie qu'exige
l'instruction administrative.

D'après l'article 173 du Code de procédure
civile, toute nullité d'exploit ou d'acte de procédure est couverte, si elle n'est proposée avant
toute défense au fond, ou exception autre que
l'exception d'incompétence.

En droit administratif, la loi n'ayant pas fixé
les formes de l'ajournement, n'a pu, dès lors,
attacher la peine de nullité à l'inexécution de
formes qu'elle n'avait point fixées et comme l'article 1030 du Code de procédure civile nous
avertit que les juges ne peuvent jamais suppléer
les nullités, on ne pourra arguer d'une nullité
en assignation devant le tribunal administratif,
puisque la loi n'a imposé aucune forme à l'acte
introductif d'instance.

Mais s'en suivra-t-il que l'article 173 ne trouvera jamais son application devant un Conseil de
Préfecture? Nullement, car cet article ne parle

pas seulement des nullités qui pourraient se rencontrer dans l'acte introductif d'instance ; il s'applique également aux nullités d'actes de procédure, aux vices de forme qui peuvent se rencontrer dans le cours de l'instance, quand ces formes sont indiquées comme substantielles et doivent, dès lors, être suivies aussi bien dans les procédures administratives que dans la procédure civile. Prenons un exemple : une enquête est ordonnée par le Conseil de Préfecture, et, dans cette enquête dont nous nous occuperons bientôt, se sont glissés quelques vices de forme ; ainsi le défaut de serment de la part des témoins, omission qui donne le droit à la partie contre qui l'enquête est faite d'en demander la nullité. L'article 173 pourra, sans nul doute, être appliqué ; on pourra proposer la nullité de l'enquête, mais non des débats de l'instance, puisque cette nullité ne naît qu'à l'occasion d'un acte qui lui-même n'est survenu que le fond entamé. En réfléchissant à la pensée qui a guidé le législateur dans la rédaction de cet article, nous dirons que ce ne sera pas au début de l'instance puisque le fond a déjà été mis en question, mais avant de discuter le mérite même de l'acte qui contient une nullité qu'il faudra la proposer.

----

§ V.

Des exceptions spécialement appelées dilatoires.

Les exceptions dont nous venons de nous occuper, bien qu'elles aient pour résultat indirect d'obtenir un sursis, ne concluent pas cependant directement à l'obtention de ce sursis. Il en est d'autres prévues par les articles 174 et 175 du Code de procédure civile qui ont, au contraire, pour but formel et avoué d'obtenir un délai, d'ajourner l'examen de la demande pendant un temps plus ou moins long et qui sont, pour cette raison, spécialement appelées *exceptions dilatoires;* nul doute qu'elles ne puissent être présentées devant les Conseils Préfecture, comme devant les tribunaux ordinaires.

L'héritier, la veuve, la femme séparée de

biens et assignée comme commune ne peuvent, donc, être tenus à défendre devant un Conseil de Préfecture avant l'expiration des délais qui leur sont accordés par l'article 172 du Code de procédure civile.

C'est[1] surtout en matière de travaux publics que cette exception pourra être soulevée.

Supposons, en effet, un édifice dont l'existence soit mise en péril par des vices de construction. Le délai de garantie de droit commun, tel qu'il résulte des articles 1792 et 2270 du Code Napoléon, n'est pas expiré et cependant l'entrepreneur et l'architecte de l'édifice ruiné sont décédés. S'en suivra-t-il que l'administration sera privée de tous recours ? Non, l'héritier légitime étant mis, tant qu'il n'a pas renoncé, au lieu et place du défunt, dès l'instant de la mort, étant saisi de l'actif à la charge d'acquitter le passif, les créanciers du défunt, ici l'administration, puisque nous supposons qu'il s'agit de travaux publics, peut, à partir de cet instant, et, avant même que l'héritier ait accepté, diriger contre lui l'action qu'elle aurait pu diriger contre le défunt. Mais, de son côté, l'héritier a le droit de demander un délai pour délibérer sur le parti qu'il doit prendre, soit accepter la succession purement et simplement, soit ne l'accepter que sous bénéfice d'inventaire, soit encore s'en dépouiller par la renonciation. C'est cette demande de délai qui constitue l'exception que la loi appelle spécialement dilatoire.

Devant le Conseil de Préfecture comme devant les tribunaux civils, l'héritier ne pourra proposer cette exception, alors même qu'il serait dans les délais prévus, s'il a accepté purement et simplement la succession de son auteur.

S'il l'a acceptée sous bénéfice d'inventaire, la condamnation ne pourra porter que sur les biens de la succession.

S'il y a renoncé, cette renonciation le faisant considérer comme n'ayant jamais été héritier, devra mettre fin à toute action.

Quant au bénéfice de l'exception dilatoire accordé par l'article 174, à la femme mariée en communauté, il peut être également invoqué devant le tribunal administratif. La femme mariée en communauté a, pour renoncer à la communauté ou pour l'accepter, les mêmes délais que l'héritier, et pendant ces délais l'exception peut-être invoquée par elle.

La seconde des exceptions de ce genre, est l'exception de *garantie*, c'est-à-dire le droit donné par la loi, au défendeur, de solliciter un délai pour appeler devant le tribunal saisi, celui qui s'est obligé légalement ou conventionnellement à indemniser ce défendeur d'un préjudice, ou à le protéger contre l'attaque judiciaire qui est dirigée contre lui. Le garant lui-même peut, à son tour, demander un délai pour appeler un sous-garant.

Les articles 175 à 187 du Code de procédure civile, indiquant dans quels délais et dans quelles formes cette exception de garantie peut être opposée, ces dispositions peuvent recevoir leur application devant les Conseils de Préfecture, en tant que le comportent, toutefois, l'urgence et la simplicité des formes administratives.

§ VI.

De la communication des pièces.

Il est de principe, en droit civil, que lorsqu'une partie fait, dans le courant d'une instance, usage de pièces, de titres, sur lesquels elle appuie sa prétention, c'est un droit pour l'adversaire de demander que les titres invoqués, que les pièces produites à l'appui de la demande, soient mises sous ses yeux, afin de pouvoir les vérifier et les discuter, s'il y a lieu. L'exercice de ce droit donne naissance à une exception qui tend à obtenir un délai pour avoir communication des pièces produites.

Les articles 188 à 192 du Code de procédure, ont fixé les règles suivant lesquelles cette communication peut être faite devant les tribunaux civils. Ces règles sont simples et la plupart de leurs dispositions peuvent être conservées devant les tribunaux administratifs, en retranchant, toutefois, celles qui s'appliquent au ministère des avoués qui n'est pas admis devant les tribunaux administratifs.

Le Conseil de Préfecture devant lequel une semblable exception sera soulevée pourra donc, sur la demande d'une partie, accorder la communication d'une pièce, invoquée par l'autre partie. Il pourra, même, aller au devant de la demande, et l'ordonner d'office, s'il le croit utile. Il fixera lui-même le délai dans lequel la connaissance pourra en être prise et, s'il s'agit d'une pièce importante, d'un titre dont il n'existerait pas minute, par exemple, il en ordonnera le dépôt, soit au secrétariat de la Préfecture, soit à celui de la sous-préfecture, ou même de la mairie du domicile du requérant, où la partie intéressée pourra en prendre connaissance, sans déplacement.

CHAPITRE DEUXIÈME.

Des preuves littérales.

*De la vérification des écritures : du faux
incident civil.*

La matière des exceptions embrasse les premiers incidents qui peuvent compliquer ou entraver l'instance. Nous les avons examinés.

Nous nous occuperons maintenant des incidents qui se rapportent spécialement à la présentation et à la discussion des moyens de preuve.

Les preuves littérales admises par l'article 1316 du Code Napoléon se divisent en deux classes : les preuves tirées des écritures privées, et les preuves tirées des écritures authentiques.

Le Code de procédure civile, dans ses articles 193 à 251, a établi les règles suivant lesquelles les écritures de l'une et de l'autre classe pouvaient être judiciairement constatées et vérifiées, en cas de production par l'une des parties, et de déné-

gation par l'autre. Il a admis la demande en vérification d'écritures , pour les actes sous seing
privé , et la demande en faux incident civil pour
les actes authentiques , voulant, quand il s'agit
d'écritures privées qui n'ont par elles-mêmes
ni force exécutoire, ni foi, que ce soit celui qui
les invoque qui en prouve la vérité, et que ce soit
au contraire celui qui le conteste qui prouve la
fausseté d'un acte authentique, qui par lui-même
fait pleine foi de ce qu'il renferme. Ces deux
sortes de preuves peuvent, sans nul doute, être
invoquées devant un Conseil de Préfecture, mais
en cas de dénégation, appartiendra-t-il au tribunal
administratif de connaitre de l'incident?

On a émis l'opinion que la vérification d'écritures pouvait avoir lieu devant le Conseil lui-
même, sans qu'il fût tenu de renvoyer aux tribunaux ordinaires pour y faire procéder, et on s'est
fondé sur ce que la vérification d'écritures est formellement autorisée par l'article 14 du réglement
du 22 juillet 1806 devant le Conseil d'Etat, et par
l'article 81 de l'ordonnance du 31 août 1828, de-

vant les Conseils privés des Colonies qui remplissent des fonctions presque analogues à celles des Conseils de Préfecture. Nous ne partageons pas cet avis. Les Conseils de Préfecture, en effet, sont des tribunaux d'exception : ils ne peuvent prononcer que sur les questions qui leur sont spécialement soumises par la loi ; ils ne peuvent aller au-delà. Or, la vérification d'écritures, non plus que le faux incident civil ne rentrent dans les matières administratives. Ce sont des questions purement civiles, de véritables questions préjudicielles sur lesquelles le Conseil de Préfecture ne doit pas statuer, mais qu'il doit renvoyer devant le tribunal compétent, en disant qu'il sera sursis jusqu'à ce qu'on lui apporte la preuve de la vérification de l'écriture ou le jugement sur l'inscription de faux.

Cette décision est loin d'être en opposition avec le principe qui veut que le tribunal compétent pour connaître de la demande, le soit, aussi, pour connaître de l'exception ; la vérification d'écriture et le faux incident civil ne sont véritablement pas des exceptions. Les exceptions n'ont qu'un but soit direct, soit indirect, c'est d'obtenir un sursis. Mais le but de la vérification d'écritures ou du faux incident civil n'est pas tel; ces demandes sont de véritables moyens de défense au fond. Ce sont donc de nouvelles instances éminemment civiles, entées sur une autre instance qui peut être administrative. Elles constituent, dès lors, une question préjudicielle tout aussi bien que l'exception d'extranéité, que les questions d'Etat; question préjudicielle sur laquelle le Conseil de Préfecture devrait surseoir à statuer, à moins toutefois que cette exception ne fût soulevée que pour gagner du temps et entraver la justice, car si la pièce dont on veut faire vérifier l'écriture est sans intérêt sur la décision, ou si on consent à la regarder comme régulière, le Conseil doit statuer sur la demande.

CHAPITRE TROISIÈME.

Des preuves testimoniales.

§ I.

Enquêtes.

La preuve littérale n'est pas la seule qui puisse être invoquée dans une instance administrative ; la preuve testimoniale est aussi un moyen d'instruction qui peut être ordonnée par le Conseil de Préfecture.

La loi civile a longuement réglé les formes de la procédure spéciale qui porte le nom d'enquête aussi bien devant la justice-de-paix que devant les tribunaux de première instance. Ces formes doivent être appliquées par le Conseil de Préfecture en tant que le comportent les affaires administratives.

Il ne faut pas confondre l'enquête contentieuse dont nous allons nous occuper avec l'enquête administrative. Cette dernière, en effet, n'est qu'une simple information publique faite auprès d''ndividus appelés à émettre leur opinion sur une mesure administrative, à l'effet d'éclairer l'autorité sur une décision qu'elle doit prendre.

L'enquête contentieuse, au contraire, est un moyen de preuve ; c'est une procédure qui a pour but d'arriver à la constatation d'un fait par une audition de témoins, procédure qui peut être ordonnée sur la demande d'une partie ou d'office par le Conseil de Préfecture, s'il le juge utile à la manifestation de la vérité.

Le tribunal administratif de premier degré peut charger un de ses membres de présider à cette opération ; il peut aussi, pour éviter des frais aux parties, lorsque l'enquête ne doit pas avoir lieu au chef-lieu du département, commettre le juge-de-paix du lieu où le fait sera le plus facilement constaté.

L'arrêté qui ordonne l'enquête doit nommer le juge enquêteur et bien spécifier les faits à vérifier, ainsi que le délai dans lequel cette vérification sera faite, délai dont l'appréciation est laissée au Conseil.

Quant à la manière de procéder elle doit, comme nous l'avons déjà dit, emprunter aux règles de la procédure civile ordinaire tout ce qui peut s'allier avec la forme administrative. C'est ainsi que les témoins, soit séparément, soit en présence des parties, au jour indiqué par celui devant qui l'enquête est tenue, doivent déclarer leurs noms, prénoms, profession, âge, domicile, faire serment de dire la vérité, délarer s'ils sont domestiques ou serviteurs, parents ou alliés des parties et à quel degré, répondre sur toutes les interpellations que le juge enquêteur croira utile de leur adresser, et signer leur déposition après qu'on leur en aura donné lecture.

Quant aux parties, elles doivent fournir leurs reproches contre les témoins appelés avant la déposition de ceux-ci. Ces reproches, signés de la partie seront, afin que le Conseil puisse apprécier la valeur des témoignages reçus, consignés au procès-verbal qui sera dressé de toute l'opération, et sur lequel sera indiqué l'accomplissement de ces formalités dont le non accomplissement n'entraînerait pas, cependant, la nullité de l'opération, par analogie avec ce qui se passe, en pareille matière, devant les tribunaux de paix.

Indépendamment de cette enquête en quelque sorte solennelle et dans laquelle les formes de la procédure doivent être suivies, le Conseil peut encore, comme moyen d'information, charger un de ses membres de recueillir des renseignements sur les faits de la cause. Cette instruction ne constitue pas alors une enquête dans le sens légal du mot. C'est un simple moyen d'instruction auquel le tribunal administratif peut recourir sans qu'il ait besoin d'indiquer dans quelle forme il doit y être procédé.

Aucune loi ne met obstacle à ce genre d'information (1) qui peut, en certains cas, être d'une grande utilité pratique.

---

(1) Conseil d'Etat, 24 avril 1856.

§ II.

Interrogatoire sur faits et articles.— Comparution personnelle,

Nous avons déjà dit que l'instruction devant le Conseil de Préfecture se faisait en général sur mémoires et en dehors de la présence des parties. Nous avons, cependant, reconnu à ce tribunal administratif le droit d'admettre devant lui les parties elles-mêmes, s'il juge utile d'entendre leurs observations de vive voix. Nous avons, en un mot, admis l'instruction orale devant les Conseils de Préfecture, mais sans publicité et comme exception, l'instruction écrite devant toujours former la base de toute procédure devant lui.

Mais, sans porter atteinte à ce principe général, il peut parfois être utile d'écarter, pour quelques instants, tout intermédiaire entre le juge administratif et la partie, et de chercher à obtenir la vérité de la bouche même des parties intéressées. Les principes du droit civil doivent donc trouver leur application devant le Conseil de Préfecture,

11

qui peut, s'il le croit utile, ordonner ce que la procédure ordinaire appelle la comparution personnelle des parties et l'interrogatoire sur faits et articles : ces deux voies d'instruction ayant un but commun, celui de provoquer les aveux d'une partie ou même de toutes les deux.

Mais, si le but qu'on se propose est le même, il doit cependant exister des différences sensibles dans la manière de procéder.

Dans la *comparution personnelle*, l'arrêté qui l'ordonne doit (article 119 du Code de procédure civile) fixer le jour où les parties se présenteront devant le Conseil. Là, chacun des membres du tribunal administratif peut les interroger sur tous les faits de la cause pour arriver à la connaissance de la vérité. Les questions posées le sont sans communication préalable ; les parties sont en présence l'une de l'autre et chacune d'elles peut relever les contradictions échappées à son adversaire.

L'interrogatoire sur faits et articles, au contraire, n'a pas lieu devant tout le Conseil, ni en présence de l'autre partie ; un seul membre est commis par le tribunal et l'interrogatoire porte sur des questions posées par l'arrêté qui l'ordonne. Le conseiller commis à l'interrogatoire doit dresser procès-verbal des réponses de la partie interrogée, et c'est sur ce procès-verbal que le Conseil décide.

Egalement admissibles devant le Conseil de Préfecture, ces deux voies de procédure n'ont pas les mêmes avantages. Ceux offerts par la comparution personnelle sont trop évidents pour que celle-ci ne soit pas préférée toutes les fois qu'il sera possible d'y recourir. La vérité n'apparaîtra-t-elle pas plus facilement lorsque les parties seront en présence l'une de l'autre, devant le Conseil tout entier, lorsqu'elles devront répondre, sans préparation, aux questions posées par chacun des membres du tribunal, lorsque les aveux contradictoires pourront être immédiatement relevés? Le Conseil n'aura-t-il pas dans cette discussion des éléments plus précis que ceux qu'il pourrait rencontrer dans un procès-verbal? Quelque fidèlement dressé qu'il puisse être par le conseiller interrogateur , cet acte rendra-t-il toutes les nuances de l'interrogatoire, nuances qui auraient pu trahir la vérité si elles avaient été prises sur le fait.

La comparution personnelle est donc plus rationnelle et nous semble devoir être préférée à l'interrogatoire sur faits et articles, à moins, toutefois, qu'elle ne soit rendue impossible, soit par l'éloignement d'une partie, soit par toute autre cause.

Mais si l'on est obligé d'avoir recours à l'interrogatoire sur faits et articles, l'arrêté qui l'ordonne soit d'office, soit sur la demande d'une partie, doit fixer les points de l'interrogatoire, et commettre, pour procéder à cet interrogatoire , soit l'un des membres du Conseil, soit le juge-de-paix du lieu.

Dans le cas où la partie n'habiterait pas le département, le Conseil n'ayant point le pouvoir de commettre hors de sa juridiction un juge interrogateur, c'est par voie administrative qu'il devrait être procédé à cette instruction. Le Préfet du département où siége le Conseil de Préfecture saisi de l'affaire devrait alors être prié de transmettre au Préfet du département du domicile de la partie à interroger, les questions formulées par le tribunal administratif auquel seraient plus tard renvoyées les reponses faites aux questions posées.

Mais la partie à interroger peut être un être moral, un corps, une administration.

Cette partie doit alors, conformément à l'article 336 du Code de procédure, désigner un agent chargé de répondre pour elle. Mais cet agent n'a qu'un pouvoir spécial de faire telle ou telle réponse prévue à telle ou telle question également prévue et de l'affirmer par écrit, ce qui en réalité est une simple défense et n'a de l'interrogatoire que le nom.

Quant à la faculté laissée par le même article d'entendre l'administrateur lui-même sur les faits qui lui seraient personnels, sauf à avoir à la réponse tel égard que de raison, elle constitue plutôt un témoignage oral qu'un interrogatoire.

Aussi, doit-on conclure de ceci, que, devant les Conseils de Préfecture, comme devant les tribunaux ordinaires, il n'y a vraiment pas d'interrogatoire sur faits et articles pour les administrations et établissements publics.

§ III.

Serment.

Les dispositions du droit civil (Code Napoléon, art. 1357 et suiv.) qui règlent le serment, peuvent, en grande partie, recevoir leur application devant les Conseils de Préfecture.

Il peut, en effet, arriver devant le tribunal administratif, comme devant le tribunal ordinaire, que l'une des parties défère à l'autre le serment pour en faire dépendre la décision de l'affaire, et c'est le cas du serment décisoire, de même que le Conseil, dans le cours de la contestation, peut le déférer d'office à l'une des parties pour suppléer à l'insuffisance des preuves, et c'est alors le serment supplétoire.

L'arrêté qui ordonne un serment doit, à peine de nullité de l'arrêté lui-même, énoncer les faits

sur lesquels ce serment sera reçu (art. 120 du
Code de procédure), le détail de ces faits étant,
en effet, le véritable dispositif de l'arrêté qui l'ordonne. La nature de cet acte indique suffisamment
qu'il est essentiellement personnel et qu'il ne peut
être prêté que par la partie en personne. Il ne
peut l'être, en outre, qu'en présence du Conseil
et de l'autre partie.

La jurisprudence du Conseil d'Etat (1) est contraire à l'opinion que nous venons d'émettre, par
ce motif que les articles 1358 et suivants du Code civil, relatifs au serment décisoire, ne s'appliquent qu'aux contestations portées devant les tribunaux, qu'aucune disposition légale n'en a étendu
les effets à la juridiction administrative et que des
motifs d'ordre public s'opposent à ce qu'un tel
serment soit déféré devant cette juridiction.

Mais les Conseils de Préfecture n'empruntent-
ils pas, avec la sanction du Conseil d'Etat, un
grand nombre de mesures d'instruction à la ju-

---

(1) Conseil d'Etat, 29 novembre 1851.

ridiction civile; ne les voit-on pas, tous les jours, par la force même des choses, s'appuyer sur l'analogie qu'il peut y avoir entre les matières civiles et les matières administratives pour suivre les formes tracées par la procédure ordinaire. Pourquoi donc cette exception en ce qui concerne le serment? Où est le motif d'ordre public assez grave pour priver la juridiction administrative d'un moyen de preuve qui peut éclairer la justice.

Et, en admettant que ce motif puisse exister quand le serment est déféré à un agent de l'administration, pourquoi maintenir cette exclusion, si c'est l'agent de l'administration qui défère le serment à un particulier, ou comme dans l'espèce de l'arrêt du 29 novembre 1851, si c'est un particulier qui s'adresse à un concessionnaire.

Les concessionnaires d'entreprises de travaux publics, sont-ils donc tellement substitués aux droits et aux obligations de l'État, qu'ils doivent être considérés comme l'État lui-même ?

Quoiqu'il en soit, cette solution du Conseil

d'État devant laquelle il faut s'incliner, mais que l'on peut discuter, nous paraît devoir dans certains cas, empêcher la manifestation de la vérité, en ôtant aux parties devant la juridiction administrative, une garantie qu'elles trouvent devant la juridiction ordinaire.

CHAPITRE QUATRIÈME.

Des voies de vérification.

§ 1.

Expertises.

Parmi les voies de vérification que les Conseils de Préfecture peuvent ordonner, soit d'office, soit sur la demande des parties, l'une des plus importantes et des plus fréquentes est, sans contredit, l'*expertise* dont le but est de chercher auprès d'hommes désignés par leur aptitude personnelle ou leurs études spéciales, les lumières dont les juges pourraient avoir besoin pour éclairer leur jugement.

Confiée à des hommes que leur position ou la nature particulière de leur profession met à même d'apprécier sainement les faits qui donnent matière à la contestation, l'expertise est un moyen d'instruction que la loi met à la disposition des Conseils de Préfecture, sans qu'elle les oblige cependant à y puiser autre chose que des éclaircissements, car les experts, à la différence des arbitres, n'ont aucun caractère juridique; les juges ne sont pas astreints à suivre leurs avis si leur conviction s'y oppose, ils peuvent, même en admettant les bases fixées dans le rapport d'expertise, en tirer des conclusions différentes (1) et demeurent libres de prononcer dans un autre sens, (art. 323) (2), ou de chercher, dans une nouvelle opération, des renseignements plus complets (3). Mais, dans ce dernier cas, ils doivent se conformer pour la désignation des nouveaux experts, aux dispositions en vertu desquelles, la première désignation a eu lieu (1)

Il est certaines matières contentieuses pour lesquelles la loi a pris soin de déterminer spécia-

---

(1) Conseil d'Etat, 16 janvier 1828.
(2) Conseil d'Etat, 4 juillet 1845.
(3) Conseil d'Etat, 18 janvier 1821.
(4) Conseil d'Etat, 6 juin 1856.

lement la marche qui doit être suivie, en matière d'expertise, à peine de nullité.

Ainsi , *en matière de chemins vicinaux*, qu'il s'agisse de subventions industrielles, d'extractions de matériaux, de dépôts, d'enlèvements de terre, d'occupations temporaires, les experts sont nommés, à peine de nullité, l'un par le Sous-Préfet, l'autre par le propriétaire , et, en cas de discord, c'est le Conseil de Préfecture qui désigne le tiers expert. (Loi du 21 mai 1836, art. 14 et 17.)

S'il s'agit *de contributions directes*, les experts sont nommés, l'un par le Sous-Préfet de l'arrondissement, l'autre par le réclamant sans qu'il soit besoin de nommer un tiers expert pour les départager, si besoin était. (Lois des 21 avril 1832 et 28 floréal an VIII.)

C'est ainsi encore que, sans fixer de règles spéciales, le législateur veut qu'en matière *de mines* les règles de la procédure civile soient formellement appliquées. La loi du 21 avril 1810 exige, en effet, dans son art. 87, que, pour tous les cas prévus par cette même loi et même pour tous les autres, naissant des circonstances, où il y aura lieu à expertise, cette opération se fasse conformément aux dispositions du Code de procédure civile. Ces dispositions doivent donc être appliquées par les Conseils de préfecture, quand ils sont appelés (art. 46) à statuer sur les questions d'indemnités à payer par les propriétaires de mines en raison de recherches ou de travaux antérieurs à l'acte de concession.

En matière de *travaux publics*, les experts chargés d'évaluer les indemnités dues pour *occupation temporaire*, sont, à peine de nullité, d'après la loi du 16 septembre 1807, nommés quand il s'agit de travaux de grande voirie, l'un par le propriétaire, l'autre par le Préfet, et le tiers expert, *s'il en est besoin*, est de droit l'ingénieur en chef du département ou l'ingénieur en chef de l'entreprise, s'il s'agit d'un ouvrage d'utilité publique ayant ses ingénieurs spéciaux (1). S'il y a des concessionnaires les experts sont nommés, l'un par le pro-

____

(1) Conseil d'Etat, 10 décembre 1850.

priétaire, l'autre par le concessionnaire, et le tiers expert, *s'il en est besoin*, par le Préfet, qui peut, dans ce cas, désigner une autre personne que l'ingénieur en chef (1). Quant aux travaux des villes, un expert est nommé par le propriétaire, un par le Maire, et le tiers expert par le Préfet (2), le Conseil de Préfecture ayant, dans tous les cas, le droit de nommer d'office les experts des parties en cas de non désignation par celles-ci dans le délai fixé par l'arrêté. La jurisprudence regardant les mots *s'il en est besoin*, comme synonymes des mots *en cas de désaccord* (3) et ne laissant pas au Conseil de Préfecture la faculté d'apprécier la nécessité de la tierce expertise.

Bien que le texte même des articles 55 et 56 de la loi du 16 septembre 1807 ne parle que *des occupations de terrains* et que les indemnités dues pour *dommages* ne semblent pas dès lors devoir tomber

---

(1) Conseil d'Etat, 1er juin 1850.

(2) Conseil d'Etat, 15 mai 1856.

(3) Conseil d'Etat, 27 mars 1856.

sous l'application de ces dispositions exceptionnelles, la jurisprudence du Conseil d'Etat décide
(1) que les règles suivant lesquelles sont fixées les
indemnités dues pour occupation de terrains sont
applicables à toutes les indemnités réclamées pour
dommages quelconques résultant de travaux publics. C'est une grande extension donnée à l'interprétation des articles 55 et 56, extension tout
au moins inutile puisque ces indemnités pouvaient
être réglées facilement par les principes du droit
commun.

Quoi qu'il en soit, ce n'est que dans les matières spéciales que nous venons de passer en revue
que les lois administratives ont pris soin de formuler les règles à suivre dans les expertises qui
pourraient être ordonnées par le Conseil de Préfecture. Elles ont, pour toutes les autres, gardé
un silence complet, laissant le tribunal administratif libre d'appliquer à cette opération les règles
de la procédure civile ordinaire qu'il croira com-

---

(1) Conseil d'Etat, 19 janvier 1850.

patibles avec la nature des affaires contentieuses administratives. C'est donc, en se reportant à cette procédure ordinaire, que nous trouvons les règles qui peuvent être suivies devant les tribunaux administratifs en matière d'expertises.

Tout arrêté qui ordonne cette voie de vérification doit clairement énoncer l'objet de l'expertise (art. 302 du Code de procédure) et nommer trois experts, à moins que les parties ne consentent qu'il soit procédé par un seul (art. 303) (1), et ce même dans le cas de la loi du 16 septembre 1807 où les experts sont désignés d'avance par l'art. 56.

Si les parties conviennent entre elles du choix des experts, l'arrêté doit leur en donner acte, mais, si les experts ne sont pas convenus par les parties, l'arrêté qui ordonne l'expertise n'en peut faire d'office la désignation que pour le cas où, dans le délai qu'il fixe, et, après une mise en demeure, à peine de nullité de l'opération future (2)

---

(1) Conseil d'Etat, 10 décembre 1857.
(2) Conseil d'Etat, 24 août 1815.

les parties ne les auraient point nommés. A l'expiration du délai, si les parties n'ont pas déclaré,
au secrétariat de la Préfecture, qu'elles se sont
accordées sur la désignation, les experts nommés
d'office procèdent à l'opération sur la requête de la
partie la plus diligente.

Ce n'est donc qu'après une mise en demeure,
et, à l'expiration du délai fixé, que les parties
perdent le droit de désigner leur expert, et que
celui-ci est nommé par le Conseil de Préfecture.
Si depuis l'arrêté qui le nomme cet expert d'office
vient à décéder, la partie pour laquelle il avait été
désigné, reprend toute la plénitude de ses droits
et ce n'est plus au Conseil à procéder à une nouvelle désignation, ou, du moins, il ne peut exercer ce droit qu'après que la partie aura été, de
nouveau et sans résultat, mise (1) en demeure de
désigner son expert.

Avant de se livrer à la mission qui leur est confiée, les experts, à peine de nullité, non seulement

____

(1) Conseil d'État, 6 juillet 1851.

de l'opération elle-même, mais encore de l'arrêté à intervenir, doivent prêter serment (art. 305)(1), même alors que l'expertise n'ayant pas été ordonnée par le Conseil de Préfecture, les experts auraient été désignés par les parties. Cette nécessité de la prestation de serment s'applique même au cas où la loi a pris soin de les désigner d'avance. Aussi croyons-nous que l'ingénieur en chef nommé tiers expert de droit, dans le cas de l'art. 56 de la loi de 1807, est aussi bien assujetti à cette formalité que lorsqu'il est désigné par le Préfet, comme dans le cas où il y aurait des concessionnaires. Ce n'est pas en vertu seulement de ses fonctions qu'il agit. Qu'il ait été désigné par la loi ou par le Préfet, il remplit la mission d'expert et on ne voit rien qui puisse justifier l'exception qu'on ferait en sa faveur dans le premier cas.

Le Conseil d'Etat toutefois n'admet pas cette opinion. Il décide que le tiers expert de droit, en

---

(1) Conseil d'Etat, 2 avril 1857.

vertu de la désignation de la loi, n'est pas tenu de prêter serment (1).

C'est au Conseil à désigner devant quelle autorité sera prêté le serment exigé, et le tribunal administratif peut ordonner qu'il le soit devant le Conseil lui-même ou commettre pour le recevoir, soit un membre même du Conseil, soit le juge-de-paix du canton, où les experts procéderont, en vertu de l'art. 305 du code de procédure, soit encore le Préfet ou le Sous-Préfet, la jurisprudence du Conseil d'Etat ayant admis que ce dernier fonctionnaire avait caractère, dans les expertises administratives, pour recevoir le serment des experts (2).

Les dispositions de l'art. 310 du Code de procédure civile sur la récusation des experts, sont applicables devant les Conseils de Préfecture. Les reproches doivent donc, comme devant les tribunaux civils, être proposés avant la prestation de

(1) Conseil d'Etat, 29 mai 1856.

(2) Conseil d'Etat, 10 mai 1835.

serment, ou tout au moins avant le dépôt du rapport des experts (1); ils peuvent être fondés sur les mêmes motifs que ceux qui donnent ouverture à la récusation des témoins et qui sont énumérés dans l'art. 283 du Code de procédure. Il doit être statué sommairement (2). S'ils sont admis, le Conseil nomme, par le même arrêté, de nouveaux experts à la place de ceux récusés.

L'expédition de l'arrêté qui ordonne l'expertise, et les pièces destinées à éclairer la question sont remises aux experts qui, après avoir prêté le serment prescrit, convoquent les parties aux lieu, jour et heure qu'ils ont fixés pour procéder à l'opération d'expertise, dressent un procès-verbal détaillé de cette opération en y faisant mention de la présence ou de l'absence des parties, de leurs dires et observations. Ils y indiquent les opinions émises sans faire connaître les avis personnels de chacun d'eux, et les transmettent au

____

(1) Conseil d'État, 17 avril 1856.
(2) Conseil d'État, 15 juin 1812.

Conseil de Préfecture qui , s'il ne trouve pas dans ce rapport des éclaircissements suffisants peut toujours ordonner d'office une nouvelle expertise.

§ II.

Descentes sur les lieux. — Rapports.

Investis comme les tribunaux ordinaires du droit d'ordonner les actes d'instruction qu'ils jugent convenables, les Conseils de Préfecture peuvent, s'ils ne pensent pas qu'une expertise soit indispensable, se contenter d'ordonner que le Conseil tout entier se transportera sur les lieux du litige ou donner cette mission à un ou plusieurs de leurs membres.

Suivant que le Conseil le juge utile, cette *visite des lieux* a lieu en présence ou en l'absence des parties, et si la mission n'a été confiée qu'à un ou plusieurs des membres du tribunal administratif, il en est rendu compte en séance ; c'est une voie de vérification qui peut offrir souvent de grands avantages et qui ne coûte rien aux parties.

Si le Conseil veut être éclairé sur des points particuliers du litige, points que des hommes spéciaux peuvent seuls expliquer. Il peut encore charger de l'examen de ces questions, celui que des études spéciales rendront apte à cette opération.

Cette voie d'instruction admise devant le Conseil d'Etat (1), doit l'être également devant le tribunal administratif de premier degré.

----

(1) Conseil d'Etat, 4 septembre 1850.

CHAPITRE CINQUIÈME.

Des demandes incidentes et de l'intervention.

Une instance administrative peut, comme une instance civile, se voir compliquée et entravée de la proposition d'exceptions ou de preuves. Tous ces faits qui surgissent, faits que nous venons d'examiner et dont le but est d'entraver le jugement de l'affaire, peuvent être rangés sous le nom général d'incidents. Ce ne sont pas cependant des incidents proprement dits. Ce que la loi civile appelle spécialement de ce nom et ce que nous allons avoir à examiner au point de vue administratif sont bien à la vérité des causes de complication, d'entraves et d'ajournements pour l'instance, mais ce ne sont plus cependant des exceptions ni des preuves proposées, ce sont des modifications apportées par les parties à la demande ou à la défense.

Chaque partie peut former une demande incidente ; par exemple, demander des intérêts auxquels on n'avait d'abord pas conclu, mais toute demande incidente, pour être admissible, doit nécessairement présenter, avec la demande principale, un lien, une connexité qui permette de terminer, par un seul arrêté, ces deux litiges qui auraient, sans cela, fait l'objet de deux procédures et de deux arrêtés.

C'est par une simple requête sur papier timbré que cette demande est portée devant le Conseil de préfecture. Par analogie avec la procédure civile, il doit y être statué de suite si elle est d'une nature tellement simple qu'elle puisse être jugée sans délai. Elle ne doit être jointe au principal que si elle présente des complications qui exigent des éclaircissements à rechercher dans un supplément d'instruction.

L'intervention est aussi rangée parmi les demandes incidentes. Mais, au lieu d'être formée par l'une des parties contre l'autre, elle est formulée par un tiers resté jusque là étranger aux débats. Un intérêt quelconque que peut avoir l'intervenant à prendre part à l'affaire, par exemple s'il est créancier d'une des parties, suffit pour que cette intervention soit recevable (1).

Le Code de procédure s'étend peu sur la procédure de l'intervention. Ses dispositions, qui n'offrent rien de bien particulier, semblent pouvoir être appliquées devant le Conseil de Préfecture.

---

(1) Conseil d'Etat, 16 août 1833.

Idem.   7 avril 1835.

CHAPITRE SIXIÈME.

Des reprises d'instances.

La reprise d'instance peut avoir lieu devant les tribunaux administratifs aussi bien que devant les tribunaux ordinaires sans cependant qu'il en soit aucunement question dans les dispositions légales qui s'appliquent aux Conseils de préfecture. Tous les principes émis par le Code de procédure ne pourraient néanmoins être appliqués en cette matière devant le tribunal administratif par suite des formes spéciales de procéder devant cette juridiction. Il y a donc lieu d'y apporter certaines modifications et d'approprier à la reprise d'instance devant les Conseils de préfectures, les formes indiquées par le Code de procédure.

On doit, par reprise d'instance, entendre la reprise d'une procédure légalement interrompue. Légalement interrompue, disons-nous, car une simple suspension, qu'elle qu'en soit la durée et la cause, si elle ne provient pas d'un fait spécialement prévu par la loi ne pourrait donner matière, lors de nouveaux actes de procédure, à la reprise d'instance.

Les cas dans lesquels l'instance se trouve interrompue de façon à nécessiter, plus tard, un acte spécial pour qu'elle puisse être continuée, ont été fixés par le Code de procédure civile (art. 344). Mais, par suite de l'organisation spéciale du tribunal administratif et de la manière toute particulière de procéder devant lui ou le ministère d'avoué n'est pas nécessairement admis, un seul de ces cas peut exister devant le Conseil de préfecture : c'est celui du décès d'une des parties. La mort d'une partie est donc la seule cause légale d'interruption d'instance devant le tribunal administratif (1), pourvu toutefois que la cause ne soit pas en état, et la cause sera en état devant le Conseil de Préfecture quand les délais pour les pro-

(1) Conseil d'État, 27 novembre 1844.

ductions et pour les défenses seront expirés et que
le dossier aura été remis entre les mains du rap-
porteur. En ce moment de l'instance, en effet, la
mort de la partie est indifférente, sa défense a été
complète, elle a présenté tons ses moyens de défense, on peut donc passer outre sans inconvénient.

Il en serait autrement si l'affaire n'était pas en
état et si les délais donnés aux parties pour fournir leurs moyens de défense n'étaient pas expirés;
toutes procédures faites postérieurement au décès
deviendraient nulles, pourvu toutefois que ce décès
eût été notifié, car la mort d'une des parties n'in-
terromprait pas de droit et par elle-même l'instance
pendant laquelle elle serait survenue, cette interruption n'ayant lieu qu'à partir de la notification
du décès (1).

L'instance ainsi interrompue, comment sera-t-
elle reprise ?

Si c'est le défendeur qui est décédé, le demandeur
après le délai de trois mois et quarante jours laissé

____

(1) Conseil d'Etat, 27 novembre 1841.

aux héritiers du défunt pour accepter ou répudier la succession, leur signifiera par exploit d'huissier qu'il entend reprendre l'instance.

Si c'est au contraire le demandeur qui est décédé, ses héritiers pourront immédiatement demander, de la même maniere, la reprise de la procédure. S'ils tardent trop au gré du défendeur, celui-ci, après le même délai de trois mois et quarante jours, pourra les mettre en demeure de continuer l'instance.

S'il n'y a pas d'opposition, la procédure est reprise suivant les derniers errements. En cas de silence ou d'opposition de la part des héritiers mis ainsi en demeure, le Conseil aurait, soit à déclarer par défaut que l'instance est reprise, soit à statuer sur l'opposition.

CHAPITRE SEPTIEME.

Du Désaveu.

Les parties, dans une instance contentieuse, peuvent être représentées devant le Conseil de préfecture par un mandataire qui n'est pas alors simple mandataire ordinaire, mais un mandataire judiciaire commis spécialement pour les représenter dans l'instance ; en un mot, un véritable mandataire *ad lites*. Aussi, le caractère spécial de ce mandataire judiciaire, ne permet pas de lui appliquer, s'il outrepasse ses pouvoirs, les règles ordinaires du mandat.

D'après l'art. 1998 du Code Napoléon, en effet, le mandant n'est tenu d'exécuter les engagements contractés par le mandataire ordinaire au-delà de ses pouvoirs, qu'autant qu'il a ratifié ces mêmes engagements, soit expressément, soit tacitement, et, hors ce cas, si le mandat est dépassé, il suffit au mandant d'opposer aux tiers qui ont traité avec le mandataire, que celui-ci a outrepassé ses pouvoirs. Mais la loi civile a voulu soumettre à une procédure plus solennelle le démenti donné au mandataire judiciaire, et elle a appelé cette procédure *l'action en désaveu*.

L'action en désaveu, ainsi prévue par la loi civile, peut être également intentée devant un Conseil de Préfecture. Le règlement du Conseil d'État du 22 juillet 1806 admet, du moins implicitement, par son article 25, que cet incident peut naître devant la juridiction contentieuse du premier degré.

Toutes les règles de la procédure civile ordinaire ne pourront cependant, en cette matière, être appliquées devant le Conseil de Préfecture.

Devant ce tribunal, le désaveu sera introduit comme toute autre demande, sur une simple requête adressée au Conseil et signifiée à la partie adverse ainsi qu'au désavoué lui-même, afin d'arrêter ses pouvoirs. Cette requête sera signée du désavouant ou d'un fondé de procuration authentique et spéciale, afin d'éviter que cette nouvelle procédure ne soit, elle-même, désavouée plus tard.

Si la demande en désaveu naît dans le courant d'une instance devant le Conseil de préfecture, elle est jugée par ce tribunal comme tout incident, et, si le désaveu est admis, l'acte désavoué est déclaré nul et la procédure continue sans interruption.

Mais il peut se faire que la demande en désaveu ne naisse pas dans le courant de l'instance, que ce ne soit que postérieurement à l'arrêté rendu que la partie ait connaissance du fait qu'elle veut désavouer, et que ce soit devant le Conseil d'Etat qu'elle ouvre, pour la première fois, cette action. L'art. 25 du règlement du 22 juillet 1806 dispose alors que la demande en désaveu sera communiquée aux parties, et que, si le Garde-des-Sceaux estime que le désaveu mérite d'être instruit, l'instruction et le jugement seront renvoyés devant les juges compétents pour être statué, dans un délai déterminé.

Ce tribunal compétent, lorsque l'acte désavoué a été produit devant le Conseil de préfecture, est évidemment le Conseil lui-même , car nul n'est mieux que lui en état de statuer sur le mérite de l'action en désaveu, puisque c'est devant lui que l'acte est intervenu et que nul encore ne peut mieux que lui déclarer et reconnaître celles des dispositions de son arrêté qui ont leur cause dans l'acte désavoué.

Les effets de l'admission du désaveu seront les mêmes devant les Conseils de Préfecture que devant les tribunaux ordinaires : si le désaveu est déclaré valable après qu'un arrêté est déja intervenu sur l'acte désavoué, cet arrêté sera annulé par le Conseil d'Etat en vertu de l'article 25 du règlement de 1806, mais si le désaveu est formé dans le cours même de l'instance, ce ne sera pas l'arrêté qui sera annulé, puisqu'il n'en existe pas encore, ce sera la procédure faite à la suite de l'acte désavoué.

CHAPITRE HUITIÈME.

De la péremption.

La péremption, c'est-à-dire l'extinction d'une instance opérée par la discontinuation de la procédure pendant un certain temps, doit-elle être admise dans les instances portées devant le Conseil de Préfecture ?

Des savants auteurs qui, jusqu'ici, ont traité de la procédure administrative, les uns ont, conformément à la jurisprudence du Conseil d'Etat, répondu négativement (1) ; les autres affirmativement.

En présence d'un arrêt du Conseil d'Etat, qui déclare que la demande en péremption d'instance n'étant pas autorisée par le règlement du 22 juillet 1806, ne peut être admise devant le Conseil d'E-

---

(1) Conseil d'Etat, 9 janvier 1832.

tat, parce que c'est une véritable déchéance à laquelle on ne peut suppléer, nous ne pensons pas non plus qu'il y ait lieu de l'admettre devant la juridiction administrative du premier degré. Mais nous ne dépouillerons pas cependant cette juridiction de tout moyen d'empêcher la prolongation des instances, et bien que la célérité qu'exige la procédure administrative ne trouve pas dans la prescription trentenaire un aide suffisant, nous dirons que la prescription de trente ans qui éteint tous les droits et toutes les actions sera aux instances administratives ce que la péremption de trois ans est aux instances judiciaires (1).

---

(1) En matière d'élections municipales, départementales et d'arrondissement, si le Conseil de Préfecture n'a pas statué dans le délai d'un mois, à compter de la réception des pièces à la Préfecture, les réclamations élevées contre les opérations électorales sont censées rejetées et le Conseil ne peut plus prononcer sans excéder ses pouvoirs. (Lois des 22 juin 1833 et 5 mai 1855.)

CHAPITRE NEUVIÈME.

Du Désistement et de l'Acquiescement.

Les règles du désistement ont été tracées devant les tribunaux civils, mais non devant les tribunaux administratifs. Il y a donc lieu d'appliquer, dans cette matière, comme dans beaucoup d'autres, que nous avons déjà fait connaître, toutes les dispositions du Code de procédure civile qui sont compatibles avec les formes de l'instruction administrative.

Les effets du désistement sont d'éteindre la procédure commencée sans abandonner le droit lui-même, à moins que les termes mêmes de l'acte de désistement n'indiquent formellement une volonté contraire. Mais quels seront les termes, quelle sera la forme dans lesquels cet acte devra être produit devant le Conseil de préfecture?

Il est de principe que les choses se délient comme elles se sont liées.

Or, l'introduction des instances, n'étant devant les tribunaux administratifs de premier degré, assujettie, à peine de nullité, à aucune forme spéciale, il s'ensuit que le désistement ne peut pas non plus, devant un Conseil de préfecture, affecter, à peine de nullité, telle ou telle forme. Il peut donc être fait par un simple acte, quel qu'il soit, lettre ou requête, signé des parties, ou de leurs fondés de pouvoir, pourvu que cet acte exprime un désistement et qu'il ait pour effet d'éteindre l'instance (1).

La condition essentielle pour qu'il produise son effet, c'est qu'il soit accepté par l'autre partie qui peut avoir un intérêt réel et légitime à ce que l'instance entamée suive son cours (2), car l'instance une fois entamée n'est pas le propre de l'une des parties, elle appartient à chacune d'elles. Jusqu'au moment où il est accepté le désistement peut être retiré (3). Comme en matière de procé-

---

(1) Conseil d'Etat, 18 janvier 1836.

(2) Conseil d'Etat, 29 août 1834.

(3) Conseil d'Etat, 2 janvier 1857.

dure civile le désistement devant le tribunal administratif emporte soumission par le demandeur de payer les frais. Cette règle, suivie par le Conseil d'État (1), doit être appliquée devant les Conseils de préfecture.

Quant à l'acquiescement, c'est, de la part du défendeur, la reconnaissance formelle ou tacite du bien fondé de l'action intentée contre lui et la déclaration qu'il entend y satisfaire, et cet acte n'est pas plus que le désistement soumis à des formes spéciales ; il peut, quand il est formel, consister en un acte authentique ou privé, et même en une simple lettre (2), de même qu'il peut résulter tacitement d'un acte quelconque émané du défendeur et qui démontre que l'intention de ce dernier est d'admettre la prétention du demandeur et d'y faire droit. Cet acquiescement tacite peut, ainsi que le démontre la jurisprudence du Conseil d'État, naître, soit de l'exécution volontaire ou

____

(1) Conseil d'État, 2 janvier 1857.

(2) Conseil d'État, 28 octobre 1831.

de la réception de la signification de l'arrêté sans recours (1), soit encore de la réception sans réserve aucune des sommes allouées par l'arrêté (2).

Comme le désistement, l'acquiescement, soit formel, soit tacite, ne peut avoir d'effet que lorsqu'il est fait par la partie ou par son fondé spécial de pouvoirs.

(1) Conseil d'État, 4 novembre 1835.
(2) Conseil d'État, 5 septembre 1840.

TABLE.

LIVRE PREMIER.

PROCÉDURE SIMPLE.

LIVRE DEUXIÈME.

PROCÉDURE INCIDENTE.

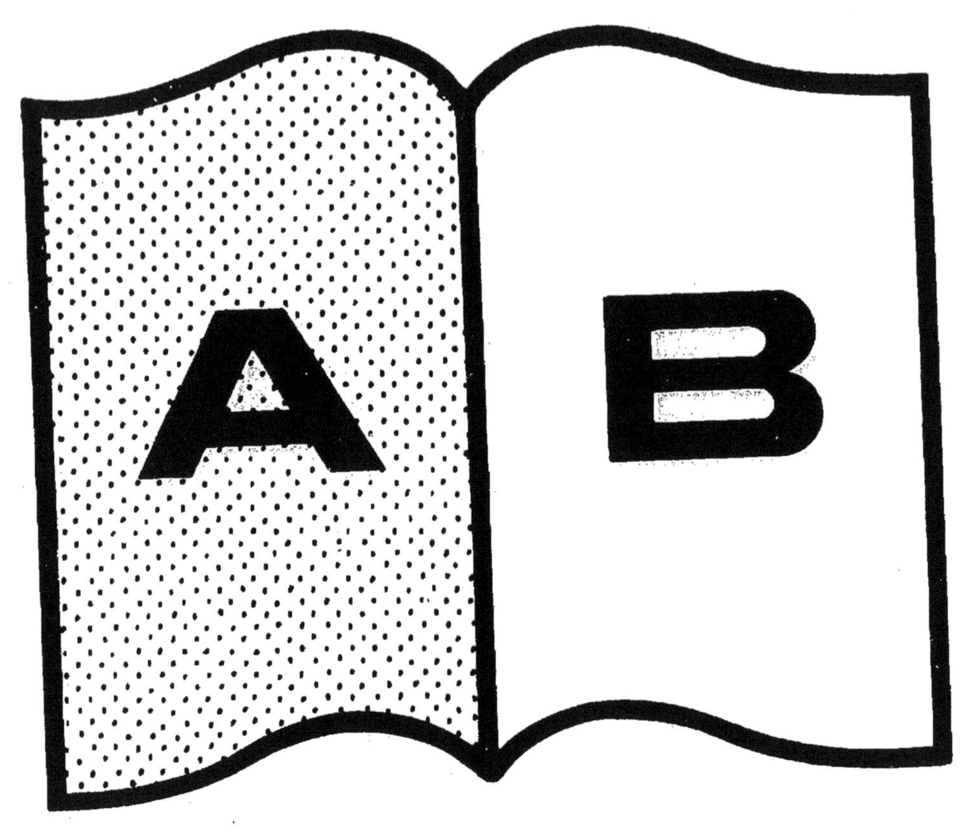

Contraste insuffisant

NF Z 43-120-14

www.ingramcontent.com/pod-product-compliance
Ingram Content Group UK Ltd.
Pitfield, Milton Keynes, MK11 3LW, UK
UKHW021517090726
13657UKWH00001B/306